풍경의 안쪽

속 깊은 자연과 불후의 예술,
그리고 다정한 삶을 만나는

풍경의 안쪽

노중훈 지음

상상출판

시작하며

가닿지 못한 '풍경의 안쪽'

'풍경의 안쪽'은 언젠가 여행책을 내면 반드시 제목으로 올리겠다며 아주 오래전 점찍은 글귀입니다. 2개의 명사와 1개의 조사로 이뤄진 이 단출하고 덤덤한 구절에는 여행작가로서의 의지와 소망, 선호 따위가 담겨 있습니다.

거창하게 늘어놓자면 이렇습니다. 눈에 확연히 보이는 풍경도 기쁘고 좋지만 풍경의 겉면에만 머무르지 말고 발품과 마음 품을 팔아 안쪽으로 조금 더 진입해 보자. 진입해서, 풍경을 일별하고 돌아가는 관광객의 시선이 아니라 풍경의 안쪽에서 터를 잡고 살아가는 사람들의 이야기에 귀 기울여보자. 귀 기울여, 누구나 감탄해 마지않는 거대한 풍경보다 무심코 흘려보내기 쉬운 작은 풍경을 더 담아내 보자….

뜻은 대체로 이루지 못했습니다.

　변명의 여지는 있습니다. 풍경의 거죽만 둘러보기에도 지나치게 촉박한 일정, 초대한 곳의 입장을 고려하지 않을 수 없는 현실적 제약, 취재한 내용을 전부 실을 수 없는 지면의 한계 등등. 물론 가장 큰 걸림돌은 제 자신이었습니다. 게으른 성정, 나약한 의지, 갈고닦지 않아 녹슨 실력 등이 줄곧 발목을 잡았습니다. 그러니 풍경의 바깥쪽만 전전하다 끝난 경우가 태반입니다. 전작 《할매, 밥 됩니까》의 프롤로그에도 여행작가로서의 그간의 여정이 부끄러웠다고 썼는데, 언제 이 부끄러운 지경에서 벗어날 수 있을지 여전히 부끄럽습니다.

　《풍경의 안쪽》은 1999년 4월 첫술을 떠서 지금까지 중단 없이 먹고 있는 제 '여행 밥'의 중간 결과물입니다. 운이 좋아 무수히 많은 곳들을 돌아다녔는데, 그중에서도 유난히 마음이 끌렸던 장소와 홀연히 마음의 빗장이 풀렸던 시간과 한순간 마음이 일렁이게 만든 사람들에 대한 기억을 꾀진하게 모았습니다. 문장을 짧게 쓰려 애썼고, 과도한 감상주의를 경계하고자 했으나 미진한 구석이 많습니다. '풍경의 안쪽'에 가닿지 못한 안타까움은 앞으로 성취해야 할 작업의 원동력으로 삼겠습니다. 나아가고 나아지겠습니다. 고맙습니다.

　　　　　　　　　　2024년 2월 마지막 날 경복궁역 언저리에서

차례

시작하며   가닿지 못한 '풍경의 안쪽'   *004*

1부   압도의 풍경

시간의 조각칼이 새긴 풍경   *012*
- 미국 유타

검은 숲에 함박눈이 내리면   *028*
- 독일 블랙포레스트

매운 요리보다 더 얼얼한 풍경   *044*
- 중국 쓰촨

세상을 울리는 물줄기   *060*
- 브라질 & 아르헨티나 이구아수폭포

오, 고래여! 춤추는 고래여!   *074*
- 캐나다 노바스코샤

2부 느림의 풍경

명상 같은 여행 *090*
- 인도 케랄라

지중해의 섬나라에서 보낸 아흐레 *102*
- 몰타 몰타 & 고조 & 코미노

가장 찬란한 4월 *118*
- 슬로베니아 블레드 & 피란

조금이라도 더 붙들고 싶었던 오후 *130*
- 알바니아 티라나 & 두러스 & 베라트

날이 흐려도 가려지지 않는 것 *144*
- 세이셸 마헤 & 라디그 & 프랄린

3부 예술의 풍경

건축으로 혁신하다   *168*
- 스페인 발렌시아

새로운 지평의 디자인   *182*
- 네덜란드 로테르담

예술과 풍경과 음식의 삼색 조화   *192*
- 이탈리아 마르케

불멸의 화가를 찾아서   *206*
- 프랑스 프로방스

와인 종주국의 자부심   *224*
- 프랑스 아키텐

4부   사람의 풍경

불교의 나라에서 마주한 삶의 표정   *240*
- 미얀마 바고 & 양곤

길고 긴 시간이 눌어붙은 풍경   *254*
- 튀르키예 말라티아 & 샨리우르파

발칸반도의 주목할 만한 화두   *268*
- 코소보 프리슈티나 & 프리즈렌

동네에서 볕이 가장 잘 드는 자리   *288*
- 스웨덴 스톡홀름 & 예테보리 & 말뫼

사람의 땅   *302*
- 그리스 산토리니 & 낙소스 & 아테네

1부

압도의 풍경

시간의 조각칼이 새긴 풍경

—

미국 유타

미국 유타*Utah*주 남동쪽 끄트머리의 모뉴먼트 밸리*Monument Valley*는 황량하고 장엄했다. 메마른 평원에서 모래바람이 시도 때도 없이 일었고, 풀과 나무의 생장을 용인하지 않는 완강한 바위산들이 우뚝했다. 지프차를 타고 붉은 바위들이 도열한 '외계의 풍경' 속으로 들어갔다. 경이로운 시간이었다.

유타의 주도인 솔트레이크시티*Salt Lake City*에서 국내선 항공편으로 남서부의 세인트조지*St. George*로 날아갔다. 유타의 자연과 본격적인 만남이 성사된 것이다. 가이드를 앞세워 마을에서 북쪽으로 약 15km 떨어진 스노캐니언주립공원*Snow*

Canyon State Park부터 찾았다. 공원 여기저기에 용암이 분출한 흔적이 보였다. 주름 잡히고 우둘투둘한 바위 표면을 걷는 사람들이 멀리서 손톱만 하게 보였다. 흡사 지구의 과거를 연구하는 지질학자들 같았다. 하늘의 청靑, 사암의 적赤, 굳은 용암의 흑黑, 관목의 녹綠이 진한 색의 대비를 이루었다. 암반과 암벽의 수많은 주름들이 창망한 바다의 물비늘 또는 신석기시대 빗살무늬토기의 기하학적 무늬처럼 느껴졌다.

지구에 실재하는 지구 바깥의 풍경

스노캐니언에 시간을 길게 할애하지는 않았다. 자이언 국립공원Zion National Park이 기다리고 있었기 때문이다. 길을 죄어 국립공원에 닿았다. 스노캐니언은 자이언에 비할 바가 못 됐다. 자이언의 기골이 훨씬 더 장대했다. 스노캐니언이 조랑말이라면 자이언은 신화 속 거인이었다. 왕복 1.6km 정도 되는 캐니언 오버룩 트레일Canyon Overlook Trail을 택해 걸었다. 철제 난간에 의지해 붉은 암벽 위를 걸었고, 갈색의 암벽 아래로 난 좁은 길을 걸었다. 길은 굽이쳤고 한쪽으로 낭떠러지를 거느렸다. 길의 끝자락은 거대한 협곡을 굽어볼 수 있는 자연 전망대였다. 가장자리에 서자 오금이 저렸다. 협곡은 너무 거대해서 현실감각을 마비시켰다. 까마득한 바닥

에 실금처럼 그어진 구절양장의 도로와 그 위를 달리는 개미만 한 차들이 이것이 현실의 풍경임을 가까스로 깨닫게 해주었다.

협곡을 에워싼 바위산은 융기와 풍화가 힘을 합쳐 일군 결과물이다. 약 6,000만 년 전부터 퇴적된 암반이 서서히 솟아났고, 약 1,300만 년 전 다시 한번 크게 융기한 후 길고 긴 시간 동안 비와 바람이 부단히 쓸고 닦았다. 협곡과 바위산, 그 기함의 풍경을 내리꽂히는 햇살 아래서 오래도록 들여다보았다. 길을 되짚어 내려와 공원 내부를 운행하는 셔틀버스에 몸을 실었다. 일군의 사람들을 따라 내렸고, 곧장 계곡 트레킹에 나섰다. 수량은 생각보다 훨씬 적었다. 비가 워낙 적게 내리기 때문이다. 중천에 걸렸던 해가 붉은빛을 내며 작아졌다. 뉘엿뉘엿한 해가 계곡의 바위산들을 더욱 붉게 만들었다. 공기조차 붉은빛을 띠는 듯했다. 스프링데일Springdale의 숙소로 돌아와 저녁 식사 후 이내 잠자리에 누웠지만 쉽게 잠들지 못했다. 붉은 풍경이 환영처럼 떠올랐다.

다음 날 모뉴먼트 밸리로 향했다. 결론부터 내밀자면 모뉴먼트 밸리는 지구에 존재하는 지구 바깥의 풍경이었다. 어마어마하게 큰 바위들이 도열한 모습은 우주적 방대함으로 보는 이를 압도했고, 물기 없는 평원과 아득한 협곡도 웅혼함으로 충만했다. 모뉴먼트 밸리로 가기 위해 스프링데일에서 경비행기에 탑승했다. 프로펠러가 굉음을 내뿜고 바람을 일으켰다. 비행기는 단출했지만 단출한 비행기에서 내려다본 풍광은 단출하지 않았다. 협곡과 준봉이 날카로운 이빨을 드러냈고, 적갈색의 바위기둥들이 거칠게 날을 세웠다. 말라버린 물길은 달 표면 같은 들판을 뱀처럼 이리저리 감고 돌았다. 레이크 파웰*Lake Powell*, 브라이스 캐니언*Bryce Canyon*, 레인보 브리지*Rainbow Bridge* 등 유타를 상징하는 자연의 조각품들도 각자의 위용을 뽐냈다. 비행기 좌석의 헤드폰을 통해 흘러나오는 교향곡보다 자연의 교향곡이 훨씬 더 웅장했다.

약 1시간 30분 후 경비행기가 사뿐히 내려앉은 모뉴먼트 밸리의 활주로에서 숙소인 굴딩스 로지*Goulding's Lodge*까지는 지척이었다. 로지 스태프의 안내를 받아 곧장 레스토랑으로 향했다. 점심 메뉴는 지역 주민들이 즐겨 먹는다는 프라이브레드와 나바호 타코. 프라이브레드는 말 그대로 기름에 튀긴 빵인데, 인도의 전통 빵인 난과 모양이 비슷하다. 가볍게 꿀을 발라 먹으니 음식에서 손을 거둘 수가 없었다. 프라이브레드 위에 토마토와 양배추, 삶은 콩을 한가득 올린 타코는 성인 두셋이 뜯어 먹어도 될 만큼 양이 엄청났다. 숙소에 짐을 풀고 잠시 휴식을 취했다. 그런데, 객실에서 바라본 풍광부터가 예사롭지 않았다. 빛깔이 붉은 대지 위에 관목들이 부스스했고, 땅과 하늘이 소실점을 이루는 곳에 기기묘묘한 바

위산들이 솟아 있었다. 객실 창문에 비친 모습에서조차 불가침의 영험한 기운이 물씬했다.

협곡에 상영된 〈주말의 명화〉

숙박 단지 내의 작은 박물관에 들어섰다. 박물관은 창업주 굴딩의 개인사와 로지가 지나온 길을 보듬고 있는데, 발길을 붙잡은 공간은 '영화의 방'이었다. 모뉴먼트 밸리는 그동안 많은 영화들에 헌신했고, 굴딩스 로지는 제작진을 위한 숙소로 자주 이용됐다고 한다. 모뉴먼트 밸리가 배경을 제공한 영화들 중에는 서부극 〈황야의 무법자〉를 비롯해 〈델마와 루이스〉, 〈포레스트 검프〉, 〈미션 임파서블〉 등이 있다. 조붓한 영화의 방에서 작품의 스틸컷과 포스터, 그리고 서부활극의 아이콘인 배우 존 웨인과 감독 존 포드의 자필 사인을 만날 수 있었다. 어릴 적 〈주말의 명화〉나 〈명화극장〉을 통해 보았던, 궐련을 꼬나물고 장총을 든 서부의 거친 사내들이 기억 저편에서 되살아났다.

모뉴먼트 밸리를 헤집는 지프 투어는 태양의 기세가 한풀 꺾인 오후 5시경 테이프를 끊었다. 사람들을 태운 사륜구동 차량이 흙먼지를 날리며 비포장길을 내달렸다. 끊임없이 출렁거리는 지프차는 별난 생김새의 바위산들을 쫓아다녔고,

가이드는 몇몇 지점에 차를 세우고 짧은 투어를 진행했다. 장갑 모양의, 코끼리 형상의, 낙타를 닮은, 엄지손가락처럼 생긴 각양의 사암들이 감탄을 자아냈다. 그것들은 1억6,000만 년이란 장구한 세월에 걸쳐 시간의 조각칼이 척박한 땅에 새긴 위대한 흔적이었다. 시간의 치밀한 퇴적층만큼 말문이 막히는 풍경도 없는 듯했다.

서부영화의 장인 존 포드 감독이 자신의 영화 속 배경으로 애용했던 장소인 존 포드 포인트 *John Ford Point*에 다다랐다. 투어 차량에서 내린 사람들이 저마다 카메라를 꺼내 경쟁하듯 사진을 찍었다. 그때 건장한 체격의 인디언 남성이 말안장에 올라 멀찌감치 떨어진 평평한 바위로 터덜터덜 나아갔다. 그리고는 한쪽 어깨에 밧줄을 두른 채 먼 곳을 응시하며 영화 속 한 장면을 '연출'했다. 사진가에게야 더할 나위 없이 좋은 그림이었지만 영악한 인위의 풍경에 그만 '픽' 하고 헛웃음이 새어나왔다. 관광객의 쌈짓돈에 생계를 의탁해야 하는 인디언 사내의 뒷모습이 어딘가 애처로웠다. 협곡의 저녁은 역시 붉은색으로 출렁거렸다. 모뉴먼트 밸리를 흥건하게 적신 홍조는 두말할 나위 없는 진풍경이었다.

숙소로 돌아와 객실 테라스에서 로지의 홍보팀장인 스콧과 술잔을 기울였다. 전직 셰프이자 6명의 아이를 둔 스콧은 영화에 대한 애정이 컸는데, 그건 집안 내림이지 싶었다.

증조할아버지는 〈황야의 결투〉에, 할아버지는 〈황색 리본을 한 여자〉에 조역으로 등장했단다. 스콧이 "죽기 전 꼭 한 번 영화에 출연해 보고 싶다"고 말할 때 그의 눈빛은 사뭇 진지했다. 유타로 건너오기 전 내가 시애틀에서 구입한 레드 와인과 그가 집에서 가져온 로제 와인을 격의 없이 나눠 마셨다. 어느새 저녁노을에 물든 바위산들이 농염한 와인색을 띠었다.

Tour Plus

—

유타의 국립공원들 가운데 빼놓을 수 없는 곳이 모압*Moab* 인근의 아치스국립공원*Arches National Park*이다. 대자연의 조각 전시장으로 일컬어질 만큼 다양한 천연 아치와 기암괴석을 볼 수 있다. 특히 폭 10m, 높이 15m의 델리키트 아치는 국립공원의 분신과도 같다. 아치의 왼쪽 기둥 중간쯤에 심하게 깎인 부분이 있어 위태로워 보이기도 한다. 솔트레이크시티 근교의 파크시티*Park City*는 선댄스 영화제가 열리는 도시다. 모뉴먼트 밸리의 굴딩스 로지(www.gouldings.com)는 경비행기가 뜨고 내리는 활주로와 바로 인접해 있다. 객실 내부는 홀가분한 편. 예전 생활상을 보여주는 소규모 박물관과 모뉴먼트 밸리를 살뜰하게 돌아보는 지프 투어 프로그램을 운영한다. 투어는 2시간 30분가량 소요된다.

검은 숲에 함박눈이 내리면

—

독일 블랙포레스트

몸통이 굵고 키가 헌칠한 나무들이 빽빽하게 들어차 있어 먼 발치에서 바라보거나 위에서 굽어보면 검게 보인다는 독일 남서부의 삼림지대 블랙포레스트 *Black Forest*. 겨울이면 이 깊고 가련한 숲에 함박눈이 내린다. 검푸른 빛깔과 순백색이 뒤엉켜 풀어낸 풍경은 그 어떤 총천연색 그림보다 강렬하다.

  울울창창한 블랙포레스트에 며칠간 유하며 목격한 가장 신비로운 장면은 마지막 날 밤 홀연히 찾아왔다. 밤 10시가 살짝 넘은 시각. 눈꺼풀이 아직 무겁지 않아 객실 테라스로 나갔더니 불과 20분 전만 해도 실체를 어리비치지 않던 물

안개가 어느 틈에 사부작사부작 피어올라 호수 위를 자욱하게 메우고 배후의 산등성이마저 휘감고 있었다. 비록 높낮이의 차이는 있지만 북유럽 오로라의 '커튼 퍼포먼스'를 보는 듯했다. 하들하들한 밤안개와 총총한 별들이 힘을 합쳐 내뿜는 광채 때문에 쉼 없이 옷깃을 파고드는 높바람 속에서도 커피 한 잔을 다 마실 때까지 3층 테라스를 벗어날 수 없었다. 방으로 돌아와 푹신한 침대에 몸을 파묻었지만 방금 전 눈앞에 펼쳐진 환상곡이 머릿속을 떠나지 않아 잠들 수 없었다. 맹렬하고도 적막한 밤이었다.

겨울밤의 환상곡

블랙포레스트는 발음하기도 어려운 바덴뷔르템베르크*Baden-Württemberg*주 서편에 근거한다. 웅숭깊은 숲 이외에 주도인 슈투트가르트*Stuttgart*, 학문의 도시 하이델베르크*Heidelberg*, 녹색 도시 프라이브루크*Freiburg*, 온천의 도시 바덴바덴*Baden Baden* 등이 유수의 관광지로 꼽힌다. 이번 여정의 하이라이트인 블랙포레스트는 광막하다. 남북으로 160km에 달하고, 폭은 50km에 이른다. 이 중에서도 남부 고원지대를 별도로 블랙포레스트 하이랜드*Black Forest Highlands*라 칭한다. 독일어로는 호흐 슈바르츠발트*Hoch Schwarzwald*. 해발

700~1,500m에 위치한 탓에 공기가 청정하고 풍광마저 수려하다. 일찌감치 휴양지로 개발돼 널리 알려지고 크게 사랑받고 있다.

프랑크푸르트*Frankfurt*에서 고속열차*ICE*를 타고 2시간여 만에 프라이부르크 중앙역에 도착했다. 많은 사람들이 노후를 보내고 싶어 한다는 친환경 도시다. 열차에서 내리자 냉정하고 알싸한 공기가 콧속으로 마구 밀려들었다. 준비된 차량에 올라 지체 없이 알레마넨 호프*Alemannen Hof*로 향했다. 티티제*Titisee*(독일어 'see'는 호수를 뜻한다)가 내려다보이는 비탈면에 둥지를 튼 부티크 호텔이다. 티티제 측면에서 가늠해보면 블랙포레스트라는 명패가 다소 억울할 법도 하다. 길이 1.8km, 폭 750m인 호수의 매력이 검은 숲 못지않을 뿐만 아니라 호수 주변에 숙박 시설, 레스토랑, 기념품 상점 등이 몰려 있어 여러모로 편리하다. 호텔 내부 식당에서 점심 식사를 같이한 현지 관광청 대표는 "얼마 전 80cm가량 눈이 내렸다"며 "현재 호수가 8cm 두께로 얼어 있는데 16cm는 돼야 '호수 위 산책'이 가능하다"고 일러주었다.

블랙포레스트는 전나무와 가문비나무로 윤이 난다. 산림의 70%를 차지한다. 지역의 이름난 맥주 라벨에 전나무 열매가 쓰일 정도. 전나무와 가문비나무 모두 늘 푸르른 상록수이자 하늘을 향해 곧게 치고 올라간 교목인데, 두 종류의 나

무가 대종을 이루는 블랙포레스트는 언제 마주쳐도 황홀하다. 날이 샐 무렵 안개에 함몰된 숲은 완강하면서 고혹적이다. 아침 햇발이 묽게 퍼지며 또렷하게 다가오는 상고대는 계절감을 잊게 할 만큼 화사하다. 솜이불을 덮어쓴 나무들은 그 자체로 찬연한 크리스마스트리다.

블랙포레스트와 친분을 쌓는 방법은 다채롭지만 겨울철에는 모름지기 눈과 밀착돼야 한다. 설피를 신고 눈밭을 누비거나 스키 부츠에 두 발을 꿰고 활강의 묘미를 만끽하는 것이다. 사실 블랙포레스트에 삶의 터전을 잡은 사람들에게 크로스컨트리스키는 따로 시간을 내어 즐기는 스포츠라기보다 생활 속 레저나 이동의 방편이라고 할 수 있다. 그래서인지 동네 어귀나 벌판에서 장비를 차고 이동하는 사람들을 흔하게 볼 수 있다. 보통 특수 차량이 스키 트랙을 미리 닦아놓기 때문에 초심자에게도 어렵지 않다. 조촐한 촌락인 멘젠슈반트 Menzenschwand에서 스노슈잉을 체험했는데 마을 뒤편의 초지가 설원이었고, 설원이 곧 스키장이었다. 철로를 떠올리게 하는, 깊게 팬 홈을 따라 스키를 장착한 사람들이 전진을 거듭했다. 부자지간으로 보이는 3명이 멀리서 느릿느릿하게 움직였다. 가운데 아이는 자신의 스틱을 내맡긴 채 아버지의 옷자락을 부여잡았다. 귀여운 '무임승차'였다. 능선에는 달랑 한 기의 리프트가 설치돼 있었다. 웃음을 유발하는 훗훗한 차림

새였지만 경사면을 짓쳐 내려오는 아이들의 스키 솜씨는 혀를 내두르게 했다. 눈과 분리될 수 없는 환경에서 자란 이들만이 보여줄 수 있는 능수능란한 면모였다.

블랙포레스트 체류 사흘째 오후, 길 안내를 맡은 관광청 직원에게 '숲속 스키' 촬영을 부탁했더니 어느 길가 슈퍼마켓 앞에서 차량의 시동을 껐다. 좀 뜬금없다 싶었는데, 건물 뒤쪽으로 돌아 들어가니 족히 30~40m는 됨직한 침엽수들이 나타났다. 도로에서 몇 발짝 벗어나지 않은 곳에 늠름한 풍채의 숲이 들어앉아 있고, 숲 사이로 난 눈길을 노르딕 스키어들이 허연 입김을 뿜으며 지나갔다. 언뜻 봐도 연령대가 다양했다. 물론, 장비가 없어도 관계없다. 발밑을 살피며 그냥 걸으면 된다. 관광청 자료에 의하면 블랙포레스트에는 총연장 1,000km의 하이킹 코스 9개가 있다. 안전을 책임지고 편의를 제공하는 안내원들이 일정한 거리마다 상주한다.

물이 좋으니 맥주가 맛있다

펠트베르크Feldberg산은 블랙포레스트 하이랜드에서도 가장 높은 지대를 점하고 있다. 해발 1,493m. 흑림 최고봉은 알파인 스키의 발상지로 여겨진다. 1891년 한 프랑스인이 자신의 키보다 높게 쌓인 눈을 헤치고 정상에 올라 널빤지와 막

대기를 이용해 하강한 것이 시초라고 한다. 동명의 스키장은 개장 직후부터 북적거린다. 사람은 많지만 슬로프가 넓디넓어 활강 도중 부딪힐까 조바심을 낼 필요가 없다. 내려오기 위해서는 올라가야 하는 법. 스키어들은 리프트나 곤돌라를 활용해 정상까지 손쉽게 다다를 수 있고, 그렇지 않은 경우에는 슬로프 옆으로 난 길을 따라 걷거나 스노슈잉으로 등정해야 한다. 꼭대기에 서면 시야가 툭 터지면서 스위스 알프스의 산봉우리들인 아이거Eiger와 묀히Mönch까지 눈에 들어온다.

블랙포레스트에 '원조'란 명예를 선사한 또 다른 아이템은 뻐꾸기시계다. 매시간 한 치의 오차도 없이 '뻐꾹뻐꾹' 울어대는, 우리에게도 낯익은 바로 그 시계다. 폭설 때문에 자주 고립되는 산간 마을의 주민들이 나무를 깎아 뻐꾸기시계를 조립했고, 1956년에 세워진 드루바Drubba 호텔이 처음 시계를 판매한 것으로 전해진다. 탄생지임을 증명이라도 하듯 대부분의 식당과 상점들에 뻐꾸기시계가 비치돼 있다. 드루바에서 운영하는 쇼핑센터에 가면 뻐꾸기시계의 연원과 변천사, 제조 과정에 대한 자세한 설명을 들을 수 있다. 우리에게 뻐꾸기 울음은 구슬프다고 각인돼 있지만 검은 숲의 뻐꾸기 울음은 사냥감인 동물들에게 헌터의 출몰을 알리는 일종의 경고음, 다시 말해 알람이었다. 뻐꾸기가 시계의 주역으로 간택된 이유다. 거품 가득한 맥주잔을 받아든 남녀, 여인이 얼굴을 내민 다락방 창문을 향해 사다리를 기어오르는 사내 등 뻐꾸기시계의 오밀조밀한 장식을 들여다보는 재미도 꽤나 쏠쏠하다.

호프굿스터넨*Hofgut Sternen*은 프라이부르크에서 흑림으로 들어가는 길머리에 차분하게 형성된, 블랙포레스트의 최연장자 마을이다. 예전에는 짐이나 우편물 따위를 실은 역마차가 목적지로 가는 도중 잠시 들르는 곳이었다. 사람도 쉬고 말도 쉬어야 하니 우리로 치면 주막과 마방이 있었겠다. 마을에서는 뻐꾸기시계 이외에 유리공예 상점도 만날 수 있는데, 가게 한쪽에서 15분 동안 진행되는 제작 시연이 방문객들의 호기심을 자극한다. 투명한 유리가 세찬 불꽃을 만나고 장인의 숙련된 손놀림과 어우러져 삽시간에 근사한 작품으로 변신한다. 마을에는 또 철로가 놓인 높다랗고 튼실한 다리가 있다. 프라이부르크와 티티제 사이를 운행하는 열차가 이따금씩 지나가며 겨울의 정적을 깨트린다.

화이트 와인도 뒤지지 않지만 독일은 역시 맥주의 나라다. 일일이 열거할 수 없을 만큼 종류가 많을 뿐만 아니라 자기 고장 맥주에 대한 자부심도 넘쳐흐른다. 독일 사람들에게 맥주는 기호품이라기보다 하루도 이별할 수 없는 일상적인 식사에 가깝다. 슐루흐제*Schluchsee*에서 동쪽으로 약 6km 떨어진 곳에 로트하우스*Rothaus* 양조장이 있다. 1791년에 설립

됐으니 역사가 상당히 길다. 대형 설비를 갖춘 것은 한참 후의 일. 로트하우스의 인기 비결은 간단하고 명료하다. 양조장 가이드 발터 씨의 말을 들어보자. "로트하우스는 독일에서 가장 높은 지대에 설립된 맥주 공장이죠. 청정 환경에서 솟아난 물이 워낙 좋으니 맥주 맛이 빼어날 수밖에 없습니다." 블랙포레스트관광청의 한 직원도 로컬 맥주 예찬론을 폈다. "마냥 달콤하거나 부드럽지 않아서 좋아요. 공부 때문에 베를린에 2년 정도 머문 적이 있는데, 로트하우스 맥주를 발견하고 뛸 듯이 기뻐했던 일이 지금도 기억납니다."

로트하우스 양조장 스토어는 인테리어가 기가 막힌다. 시음 장소 뒤쪽과 화장실 입구 쪽 유리 진열장에 대량의 맥주를 칼같이 열을 맞춰 세운 것이다. 나 같은 두주불사에게는 영화 〈매트릭스〉의 가상공간을 떠올릴 만큼 매혹적이었다. 로트하우스는 필스, 바이젠, 아이스 등 각기 다른 맛의 맥주 라인업을 선보인다. 레모네이드를 섞어 청량감이 터지는 맥주와 무알콜 맥주도 있다. 바늘 가는 데 실 가듯이 맥주 마시는 테이블에 소시지가 빠질 수 없다. 맥주만큼이나 다종한 것이 독일의 소시지, 뷔르스트*Wurst*다. 놀랍게도 1,200종이 넘는다. 프랑크푸르터*Frankfurter*, 뉘른베르거*Nurnberger*, 레겐스부르거*Regensburger*처럼 도시명을 달고 있는 경우가 많다. 이 또한 자부심의 반영이다. 양조장 투어를 마치고 레스토랑으로 장소를 바꿔 각종 소시지와 햄, 치즈를 곁들이며 목구멍에 맥주를 들이부었다. 모양과 빛깔은 제각각이지만 맛은 예외 없이 붙임성이 좋았다. 소시지 중에는 우리나라 피순대를 닮은 슈바르츠뷔르스트가 '주머니 속 송곳'이었다. 훌륭한 안주의 도움을 받으니 맥주 맛이 더욱 비옥해졌다. '맛 좋은 술과 안주'라는 뜻의 미주가효美酒佳肴가 저절로 떠오르는 밤이었다.

Tour Plus

프랑크푸르트공항에서 프라이부르크 중앙역까지는 고속열차가 1시간 간격으로 운행한다. 프라이부르크에서 티티제까지는 지방 열차로 30분 정도 걸린다. 멘첸슈반트의 발덱(www.menzenschwand-waldeck.de)은 스노슈잉을 체험하기 전 점심을 들었던 호텔 겸 레스토랑이다. 팬케이크를 가늘게 썰어 넣은 맑은 수프에 자꾸 숟가락이 간다. 어묵탕 맛이 난다. 독일인의 주식인 감자와 돈가스의 '조상' 슈니첼, 독일판 '올챙이국수' 슈페츨레, 헝가리 전통 음식 굴라시 등도 맛볼 수 있다. 아들러(www.adler-feldberg.de)도 호텔 레스토랑이다. 티티제에서 잡은 송어 요리를 시켜볼 만하다. 드루바 가족기업이 운영하는 알레마넨 호프(www.hotel-alemannenhof.de)의 객실에서는 티티제가 내다보인다. 호수 뒤편 언덕에는 4층짜리 별채가 있다.

매운 요리보다 더 얼얼한 풍경

―

중국 쓰촨

쓰촨四川을 발음하면 순간적으로 입에 침이 고이는가? 당연하다. 쓰촨이 중국 어디쯤 위치하는지 몰라도 매운 요리의 본고장임을 아는 사람은 많을 테니까. 그런데 직접 습득한 쓰촨의 얼얼함은 음식이 아니라 풍경이었고, 그 속에 깃든 옛이야기들이었다. 무엇보다 어릴 적 수도 없이 읽은 《삼국지》를 다시 불러올 수 있어 짜릿짜릿했다.

오후 2시 30분, 중국 삼국시대 촉한의 도읍이자 현 쓰촨성의 성도인 청두成都에 닿았다. 마중을 나온 건 찌뿌둥한 날씨였다. 무표정한 회색 하늘이 시간 감각을 증발시켰다. 섭씨

18도. 제주보다 위도가 낮은 청두의 날씨는 후터분했다. 공기가 축축했고 탄산이 빠진 청량음료처럼 텁텁했다. 순간 마르지 않은 빨래가 떠올랐다. 가이드 갈춘걸 씨는 한여름에는 기온이 40도를 넘기도 하며 연중 100일 정도 안개가 낀다고 했다. 오죽 맑은 날이 드물면 "촉한의 개는 해를 보면 짖는다"는 표현이 다 생겼을까. 만물을 고루 비추는 하늘의 해가 촉한의 개에게도 낯설었던 것이다. 희끄무레한 하늘로부터 눈길을 거두고 한 시인을 만나러 갔다.

시인이 기거하던 초막

두보杜甫와 이백李白은 시성詩聖과 시선詩仙으로 불릴 만큼 중국 역사상 가장 걸출한 시인들로 손꼽힌다. 당나라 때의 인물이며 시의 새로운 경지를 개척했다는 점은 공통적이지만 두 사람은 여러 면에서 사뭇 달랐다. 두보가 양명한 집안에서 태어난 데 반해 이백의 출생은 여전히 베일에 싸여 있다. 글공부를 제대로 했던 두보와 달리 이백은 도술이나 검술 같은 잡기에 능했단다. 시의 내용과 형식에 있어서도 두 사람은 큰 차이를 보였다. 두보는 현실과 현장을 지향하며 한시의 형식을 완벽하게 구현해 냈다. 반면 자신을 달에 사는 신선으로 생각한 이백은 시를 통해 상상의 나래를 마음껏 펼쳤다.

중국 대륙을 호령하는 시인으로 추앙받고 있지만 사실 두보의 인생은 그리 순탄하지 않았다. 자신이 품은 이상과 괴리된 현실은 그를 항상 괴롭혔고, 방랑과 궁핍은 꼬리표처럼 따라다녔다. 허난성河南省 출신인 두보는 759년부터 763년까지 쓰촨성 청두에서 생활했다. 처음 그는 청두 외곽의 한 사찰에 묵었는데, 이듬해 평소 알던 지방 절도사의 도움으로 절집에서 조금 떨어진 곳에 초당을 짓고 살게 됐다. 이곳이 지금의 두보초당杜甫草堂이다. 두보의 인생 중 청두에서 머문 3년 가량이 가장 평화로웠다고 한다. 전란과 기근 등의 비참한 현실에 걱정을 토로하던 그도 청두에서는 안온한 전원생활을 즐겼던 것이다. 이 시기 두보는 240여 수의 시를 남겼는데, 그중 〈강촌〉이란 시에 당시의 평안했던 분위기가 잘 녹아 있다.

강촌

완화계 맑은 물은 마을을 휘감아 구비구비 흐르고
긴긴 여름날 마을은 한가롭고 그윽하다
제비는 처마 밑을 제멋대로 드나들고
물 위의 비둘기들은 무리 지어 떠다닌다
늙은 아내는 종이에 바둑판을 그리고
어린아이는 바늘을 두들겨 낚시를 만들고 있다
그저 약이나 좀 먹었으면 할 뿐

이 미천한 몸이 달리 바라는 바가 없다

두보초당에 들어섰다. 세상을 떠돌던 고단한 시인의 초막은 수차례 확장을 거쳐 그를 추억하는 사당이자 박물관으로 변모했다. 20만㎡에 이르는 부지에는 연못과 대숲이 잘 조성돼 있어 광장한 정원을 방불케 했다. 너무 정치하고 반듯해서 두보의 곤궁했던 삶은 느껴지지 않았다. 두보의 시보다 영화를 더 좋아하는 사람이라면 허진호 감독의 〈호우시절〉에 이곳이 진출했던 장면을 먼저 기억할지도 모르겠다. 남녀 주인공이 재회하는 장소가 바로 두보초당이다. 그런데 애석하게도 두보의 '태평성대'는 오래가지 않았다. 새로운 절도사가 부임하자 눈치가 보인 나머지 가족을 데리고 조각배로 양쯔강을 전전하다 끝내 배에서 숨을 거뒀다. 그의 나이 59세였다. 위대한 시인의 허망한 죽음이었다.

유비와 제갈공명을 만나는 사당

나의 중고교 시절을 지배했던 두 가지 '텍스트'가 있다. 나관중의 《삼국지》(정확히는 《삼국지연의》다. 나관중이 지은 장편 역사소설 《삼국지연의》와 진나라 때 진수가 쓴 정사 《삼국지》는 엄연히 다르다)와 김용의 《영웅문》이다. 세상을 쥐락펴락하는 영웅

호걸들과 그들이 화합하고 충돌하며 빚어내는 무수한 에피소드들, 그 사이에서 간단없이 피고 지는 온갖 전략과 전술을 읽는 재미에 도낏자루 썩는 줄 몰랐다. 특별히 《삼국지》는 나관중은 물론이고 박종화, 정비석, 고우영, 이문열 버전까지 모조리 독파했다. 중국 사대기서 중 하나를 반복해서 탐독하는 동안 나는 용맹한 장수였고 노회한 책사였으며 무너지는 나라와 함께 침몰한 마지막 황제였다.

　무후사武侯祠는 촉나라 황제 유비와 불세출의 전략가 제갈량을 모신 사당이다. 6세기경 세워진 것으로 추정되는데, 청나라 강희11년(1672)에 중건되면서 지금의 골격을 갖췄다. 무후사가 흥미로운 것은 주군과 신하를 함께 모시고 있다는 점이다. 중국에서도 유일무이한 경우라고 한다. 제갈공명을 대하는 중국인들의 지극한 애정을 엿볼 수 있다. 하긴 무후사라는 이름도 공명의 시호인 무향후에서 따온 것이다. 참고로 공명을 기리는 사당은 중국 전역에 500여 개가 있는데, 청두의 무후사는 두 번째로 규모가 크다. 사당에서는 두 사람 이외에 관우와 장비를 비롯한 문무관 28인의 조각상, 악비의 묵직한 필체가 빛나는 제갈량의 출사표, 유비와 두 부인의 합장묘인 혜릉 등도 만나볼 수 있다. 《삼국지》에도 그런 대목이 나오는데, 유비의 묘는 단 하나임에도 불구하고 도굴된 적이 없다. 자신의 무덤이 파헤쳐질까 두려워 수십 개의 가묘를 쓴

조조와는 극명하게 대비된다. 무후사를 끼고 오른쪽 골목으로 들어가면 금리錦里라는 풍물 거리가 나타난다. 각종 음식과 공예품 등을 파는 상점들이 즐비하다. 기념품 중에는 도원결의 삼총사인 유비, 관우, 장비의 특징을 극대화한 캐릭터 상품이 유독 눈에 띄었다. 하나 구입할까 궁리했지만 이내 마음을 고쳐먹었다. 내 청춘을 지배했던 세 영웅들의 모습이 지나치게 가벼워 보여 영 마땅치가 않았다.

육중한 체구에 귀여운 외모를 지닌 판다. 널리 알려졌듯이 중국인들의 판다 '집착'은 유별나다. 판다 인형과 기념품이 날개 돋친 듯 팔린다. 외교 수단으로 활용된 것도 주지의 사실. 언젠가 판다 배설물을 비료로 사용해 수확한 녹차의 가격이 50g에 우리 돈 390만 원으로 책정됐다는 보도가 나오기도 했다. 청두 교외에 판다의 모든 것을 연구하는 자이언트 판다 기지가 있다. 하루에 100m도 이동하지 않을 만큼 게을러터진 나머지 종족 보존의 의무마저 저버린 판다가 지구상에서 사라지는 것을 막기 위해서다. 현재 전 세계 동물원에서 키우는 판다는 730여 마리에 불과하고, 중국에서 야생으로 생활하는 판다 또한 1,900여 마리에 지나지 않는다. 판다 기지 실내에서 인공수정을 통해 태어난 새끼들을 만났다. 눈두덩에 하나같이 검은 칠을 한 채 엎드려 자고 있었다. 관람객들은 귀여워 어쩔 줄을 몰라 했다. 공원에서 사육 중인 판다들도 요지부동이었다. 댓잎을 먹을 때만 겨우 몸을 움직였다. 카메라를 봐달라는 관람객들의 요구는 번번이 묵살됐다. 고개를 돌리는 것조차 귀찮은 듯했다. 과연 천하의 게으름쟁이다웠다.

구름바다 위의 금빛 사찰

청두를 떠나 러산樂山으로 옮겨 갔다. 이유는 분명했다. 세계 최대의 석불인 러산대불을 보기 위해서였다. 듣던 대로 '입틀막' 스케일이었다. 산의 한 면을 깎아 만든 좌불의 전체 높이는 71m, 머리 길이와 폭은 14.7m와 10m, 어깨너비는 24m에 달한다. 발의 폭만 따져도 무려 5.8m다. 대역사를 완성하기까지 소요된 세월은 자그마치 90년. 부처를 조각하는 데 있어서도 대륙의 기질이 유감없이 발휘됐다. 민장강에 배를 띄워 바라보니 대불의 전체 외양이 대번에 파악됐다. 대불에 근접하고 싶은 사람들은 오른쪽으로 난 계단을 부지런히 오르내렸다. 소용돌이로 인해 빈번히 발생하던 난파 사고를 막고자 조성된 석불의 영검 때문인지 민장강의 물살은 시종일관 잔잔했다.

사흘 밤, 나흘 낮 동안 쓰촨을 활보했지만 하늘은 회색의 엄숙한 낯빛을 좀처럼 풀지 않았다. 유일하게 청명한 날씨를 만난 곳은 어메이산峨眉山이었다. 중국 불교의 4대 명산은 여

러모로 남달랐다. 우선, 어메이산 입구에 도착해 타고 온 전용 차량에서 셔틀버스로 갈아탔다. 버스는 좌우로 크게 꺾이며 구불구불한 길을 1시간 30분가량 나아갔다. 차창 밖 풍경부터 심상치 않았다. 하차 후 케이블카 타는 곳까지 걸어갔다. 몽몽한 안개가 해발고도를 말해주는 듯했다. 음식 노점에 잠깐 들렀고, 휴식 중인 인력거꾼들에게 목례를 보냈다. 도중에 원숭이 몇 마리도 만났는데, 그것들은 앙상한 나무에 올라타거나 관광객들이 버린 음식을 주워 먹는 데 열중했다. 가이드는 사람을 무서워하지 않는 원숭이들이 갑자기 달려들어 물건을 강탈할 수 있으니 조심하라고 단단히 주의를 주었다. 케이블카를 타고 해발 약 3,000m의 어메이산 머리꼭지를 등정하는 데 걸린 시간은 불과 3분. 그런데, 즉석 카레 한 봉지 데울 시간인 3분은 '아랫동네'와는 전혀 다른 세상을 만나게 해주었다.

일단 날씨가 청청했다. 하늘은 파란색 물감을 흠뻑 뒤집어쓰고 있었다. 코끼리 조각상들이 배치된 계단을 오르니 어메이산의 표징인 금정사가 겉모양을 드러냈다. 금빛 사찰 앞에 초대형 보살상이 솟아 있었고, 그 아래에서 많은 사람들이 향을 피우고 합장을 했다. 금정사는 일출 보기 좋은 곳이지만 그들의 관심사는 해맞이가 아니라 성심인 듯했다. 사실 어메이산에서 일출을 감상할 수 있는 확률은 10%에도 미치지 못한다. 사철 깔려 있는 운해 때문이다. 금정사 뒤편으로 난 길을 따라 걸으니 해발 3,099m, 어메이산 최정상에 걸터앉은 만불정이 시야에 들어왔다. 두께를 측량할 수 없는 구름바다가 봉우리 아래의 모든 풍경을 삼키고 있었다. 필설로 형용할 수 없는 장관을 내가 알고 있는 모든 이들과 나누고 싶었다. 얼른 핸드폰으로 사진을 찍어 페이스북에 올렸다. 순식간에 이런 댓글들이 달렸다. "사진도 이렇게 멋진데 실제로 보면 인생이 바뀔 것 같아요.", "이런 광경을 보면 뛰어내리고 싶은 충동이 들어요. 왠지 푹신하게 받아줄 것 같은 상상에 사로잡혀서." 자유로운 영혼의 소유자 이백은 "어떤 아름답고 신비로운 곳도 어메이산에 비할 수 없다"고 상찬했다는데, '형식주의자' 두보라면 어떤 논평을 내놓았을까 문득 궁금해졌다. 쓰촨의 매운 요리보다 더 자극적인 어메이산의 풍경을 두보가 상봉한 적이 있는지는 내 짧은 지식으로는 알 길이 없다.

Tour Plus

베이징, 상하이, 광둥과 더불어 중국 4대 요리의 범주에 드는 쓰촨요리는 역시 매운맛을 특징으로 한다. 쓰촨에 매운 음식이 두드러지게 발달한 이유를 날씨에서 찾는 사람들도 있다. 해를 좀처럼 볼 수 없는 흐린 날씨는 자칫 우울증을 불러올 수 있는데, 매운 음식이 우울증 예방에 도움이 된다는 것이다. 쓰촨요리에는 고추, 산초, 후추, 두반장, 파, 생강 등의 향신료가 많이 투입된다. 대신 전통적인 쓰촨요리는 기름을 많이 쓰지 않는다. 따라서 다른 지역 음식에 비해 덜 느끼하다. 쓰촨요리의 대명사로 마라훠궈를 들 수 있다. 매운맛을 내는 재료를 넣고 팔팔 끓인 육수에 각종 육류와 채소를 넣어 데쳐 먹는다. 쓰촨은 두부 요리의 본향이기도 하다. 러산에는 연두부를 토마토, 오이, 버섯 등과 함께 조린 음식을 파는 식당들이 많다.

세상을 울리는 물줄기

―

브라질 & 아르헨티나 이구아수폭포

이구아수폭포는 비교 불가의 존엄이었다. 일찍이 본 적 없는 크고 세찬 물줄기가 우렁우렁한 소리를 내며 수직으로 낙하했다. 세상에서 가장 큰 폭포답게 이구아수는 브라질, 아르헨티나, 파라과이 등 세 나라와 관계를 맺고 있다. 그중 브라질과 아르헨티나에서 이구아수폭포의 출중함을 우러러보고 돌아왔다.

이구아수폭포에 대한 소감을 전하기에 앞서 객관적인 정보부터 훑어보자. 방대한 이구아수폭포는 포르투갈어를 쓰는 브라질과 스페인어를 쓰는 아르헨티나 및 파라과이의 접

경지대에 자리한다. 폭포의 폭은 장장 4km에 이르며, 최대 낙차는 80m에 달한다. 그리고 매초 6만5,000여 t의 물을 쏟아낸다. 브라질과 아르헨티나는 이구아수폭포 관광을 위한 거점 도시를 각자 보유하고 있다. 브라질의 도시는 포스두이구아수*Foz do Iguaçu*, 아르헨티나의 도시는 푸에르토이구아수 *Puerto Iguazú*다. 현지 가이드의 설명에 따르면 이구아수폭포의 약 80%는 아르헨티나에 속해 있다고 한다. 브라질 쪽의 도시는 이구아수폭포의 전체 모습을 조망하기 좋고, 아르헨티나 쪽의 도시는 이구아수폭포의 디테일을 획득하기 좋다.

악마의 목구멍을 향해

오후 1시 30분 페루 리마*Lima*에서 이륙한 비행기가 브라질의 포스두이구아수에 착륙한 시각은 저녁 8시 무렵이었다. 비행시간은 3시간 30분이었지만 두 도시 사이에는 3시간이라는 시차가 엄존했다. 비행기가 멈춰 선 활주로에는 이미 땅거미가 내려앉아 있었다. 입국 수속을 마치고 수하물을 찾는 데까지 예상보다 시간이 더 지체됐다. 공항 밖으로 나서니 사위는 어둠에 포박당한 상태였다. 하늘을 놀라게 하고 땅을 뒤흔든다는 이구아수폭포의 관문도시답지 않게 거리는 고요함으로 충만했다. 흡사 태풍의 눈 속에 들어와 있는 것 같았다. 공

항에서 차로 15분 거리의 호텔 방에 누워 이구아수폭포의 굉굉한 소리를 상상했다. 어느 순간 까무룩 잠이 들었고, 몇 번 정도 몸을 뒤척였던 것 같다.

이튿날 아르헨티나 측 이구아수국립공원으로 향했다. 공원 내부의 방문자 센터를 지나 기차역으로 이동했다. 이구아수폭포의 백미인 '악마의 목구멍'을 알현하려는 사람들과 두 번째 역에서 내렸다. 정해진 탐방로를 따라 한 발짝 한 발짝 폭포에 다가섰다. 10분 남짓 걸었을까. 앞쪽에서 묵직한 소리와 함께 물보라가 이는 모습이 포착됐다. 드디어 귀를 찢는 듯한 굉음을 토해내는 '악마의 목구멍'이 늠연한 자태를 드러냈다.

코앞에서 살펴본 '악마의 목구멍'은 세상의 모든 폭포이자 크기를 나타내는 어떠한 형용사를 끌어와도 형용이 불가한 초월적 존재였다. 미루어 헤아릴 수 없을 만큼 엄청난 양의 물이 높은 데서 낮은 데로 끊임없이 떨어졌고, 섣불리 짐작할 수 없을 만큼 엄청난 크기의 소리가 귓전을 때렸다. 폭포를 바라보고 있자니 물의 소용돌이에 빨려 들어갈 것만 같았다. 수없는 잔물방울들이 사방으로 흩어졌으며, 공중에 떠 있는 세세한 물의 덩이들이 햇빛을 받아 요염한 무지개를 만들어냈다. 눈과 귀의 감각이 비현실적인 현실 앞에서 어찌할 바를 몰라 쩔쩔맸다. 갇혀 있는 물이 마음을 고요하게 가라앉

히는 반면, 일거에 쏟아져 내리는 물은 마음의 축을 송두리째 흔들어놓았다. '악마의 목구멍'이 이구아수폭포에 적을 두고 있는 275개의 폭포 중 하나라는 가이드의 설명이 도무지 믿기지가 않았다.

돌격, 폭포 속으로

아르헨티나에서 숙소가 있는 브라질로 되돌아왔다. 뷔페식 저녁 식사와 공연을 즐길 수 있는 라파인*Rafain*에 들어섰다. 낮에 물세례를 원 없이 맞았던 사람들은 꼬치에 끼워 불에 구운 바비큐 요리를 테이블 위로 신속하게 실어 날랐다. 남미대륙 여러 나라의 춤과 노래가 무대를 알록달록하게 수놓았다. 무희들의 옷차림은 기미했고 몸짓은 격렬했다. 공연이 절정을 향해 치달을수록 객석의 반응도 덩달아 뜨거워졌다. 사람들이 손수건을 흔들며 환호했다. 후끈한 열기로 뒤끓는 남미의 밤이 쉽사리 잠들지 못했다.

또 다른 날, 브라질 측 이구아수국립공원에서 1시간 정도 소요되는 '폭포 트레킹'에 나섰다. 엘리베이터가 있는 전망대까지 산책로가 이어졌다. 길이 대체로 내리막이라 별다른 수고로움을 요하지 않았다. 걷는 내내 길 오른편으로 이구아수폭포의 장건한 풍경이 따라붙었다. 사람들이 중간중간 설

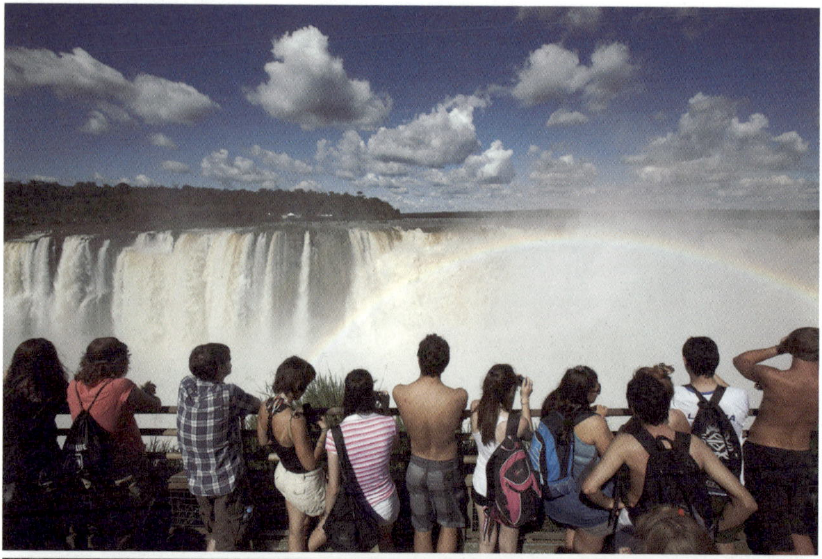

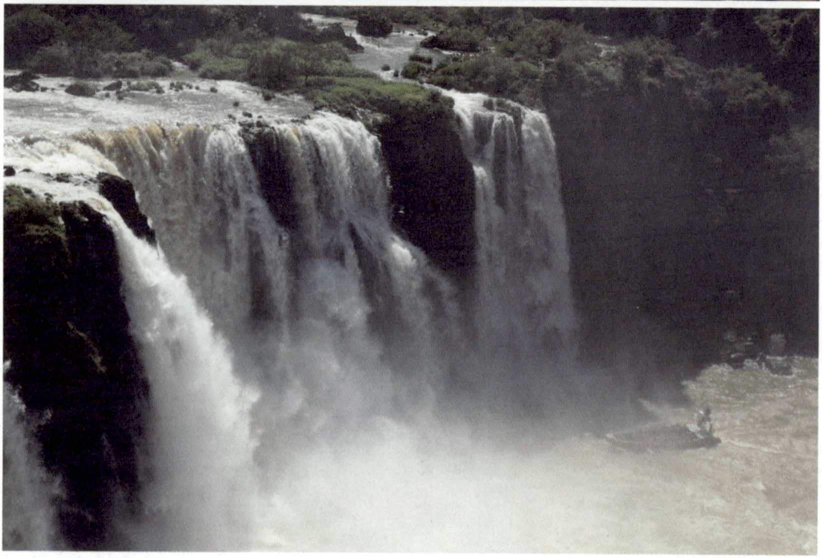

치된 전망대에서 물보라가 자욱한 폭포수를 연신 카메라에 담았다. 확실히 아르헨티나 쪽보다 폭포 전체를 감상하기에 용이했다. 여행이 가르치고 세월이 일러준다. 자리를 뒤로 물러야 온전한 모습이 보이는 법이라고.

트레킹을 끝내고 마쿠코 사파리*Macuco Safari*에 도전했다. 전용 차량을 타고 짧게나마 정글 투어를 마친 다음, 보트에 올라 폭포 안까지 돌진하는 프로그램이다. 선착장에서 우비를 입고 구명조끼를 착용한 뒤 배에 올랐다. 강을 가로지르는 보트의 움직임이 물총새처럼 날렵했다. 거침없이 질주하던 배는 폭포를 앞에 두고 잠시 숨을 골랐다. 태풍 전야 같은 긴장감 때문에 신경이 팽팽해졌다. 드디어 폭포 속으로 보트가 뛰어들었다. 태어나서 처음 맞아보는 강력한 물줄기가 순식간에 온몸을 파고들었다. 눈에 보이는 것도, 귀에 들리는 것도 온통 물뿐이었다. 사방을 분간할 수 없는 그야말로 물 천지였다. 폭포는 천둥처럼 울었다. 사람들의 기분 좋은 비명이 물소리에 파묻혀 흔적도 없이 사라졌다. 물과 사투를 벌이느라 기진맥진해진 보트가 폭포를 겨우 빠져나왔다. 사람들은 너 나 할 것 없이 '물범벅'이 된 상태였다. 물벼락의 흥분과 감동은 보트에서 내린 이후에도 한참 동안이나 식을 줄을 몰랐다. 간담이 서늘해지는, 세상 어디에도 없는 물 구경이었다.

Tour Plus

파라과이의 시우다드델에스테Ciudad del Este는 브라질 포스두이구아수와 접해 있는 면세 도시다. 시계, 카메라, 화장품, 의류 등을 판매하는 점포와 건물들이 밀집해 있다. 브라질과 아르헨티나에 비해 가격이 저렴해 인근 국가에서 이곳으로 건너와 물건을 구입하는 사람들이 많다. 면세 구역이라는 점 때문에 쇼핑 의욕이 치솟기도 하지만 막상 한국 관광객의 구미를 당기는 물건은 별로 없다. 그저 국경 시장을 구경한다는 편안한 마음가짐이 필요하다.

오, 고래여! 춤추는 고래여!

캐나다 노바스코샤

광활한 캐나다는 지역마다 확연히 다른 얼굴을 보여준다. 로키산맥으로 대변되는 캐나다 서부에는 웅혼한 자연이 그들먹하고, 중부에는 끝이 보이지 않는 대평원 지대가 펼쳐진다. 그리고 캐나다 동남부에 속한 노바스코샤*Nova Scotia*주의 갸륵한 마을들에는 유럽의 향기와 흔적이 가득하다.

보통 캐나다 동쪽 대서양과 맞닿아 있는 뉴브런즈윅*New Brunswick*, 노바스코샤, 프린스에드워드아일랜드*Prince Edward Island*, 뉴펀들랜드*Newfoundland*의 4개 주를 합쳐 애틀랜틱 캐나다라고 부른다. 15세기 표류 중이던 이탈리아 어부가 무진

장의 대구가 잡히는 바다를 우연히 발견했는데, 그곳이 지금
의 뉴펀들랜드 앞바다다. 이후 유럽 각국은 앞다퉈 캐나다 탐
험에 나섰다. 적극적인 나라는 프랑스였다. 영국이 미국에 뉴
잉글랜드를 세우자 이에 질세라 프랑스도 캐나다에 뉴프랑스
를 세운다. 그때의 뉴프랑스가 바로 지금의 퀘벡과 노바스코
샤다. 영국 역시 프랑스와 전쟁까지 불사하면서 캐나다 식민
지 건설에 박차를 가했다.

타이태닉의 비극을 간직한 도시

애틀랜틱 캐나다의 심장부인 핼리팩스*Halifax* 시티 투어
에 나섰다. 대서양해양박물관 앞에서 출발한 버스는 도시의
이 구석 저 구석을 안내했다. 체크무늬 스커트를 입은 운전기
사 겸 가이드는 영국이 캐나다를 방어하기 위해 건설한 요새
인 시타델, 핼리팩스의 상징물인 올드 타운 클락, 캐나다에서
가장 오래된 성공회 교회인 성 바울 교회, 고풍스러운 외관의
주 의회 의사당 등에 대해 자세한 해설을 늘어놓았다. 2시간
가량 이어진 투어에서 사람들의 관심이 집중된 곳은 단연 타
이태닉*Titanic*호 희생자 121명이 영면하고 있는 페어뷰*Fairview*
공동묘지였다.

1911년 건조된 영국의 초대형 여객선 타이태닉호는 이

듬해 4월 10일 정오 잉글랜드 사우샘프턴을 떠나 처녀항해에 나섰다. 항구에서 배를 떠나보낸 사람들이나 배에 탑승한 사람들 모두 4만6,000t에 이르는 선박의 성대함과 호화로움에 입을 다물지 못했다. 하지만 행복한 시간은 너무 짧았다. 나흘 뒤 4월 14일 밤, 대서양을 건너던 타이태닉호가 빙산과 충돌하는 불의의 사고를 당한 것이다. 필사의 구조 요청에도 불구하고 타이태닉의 최종 기항지였던 뉴욕항에서는 15일 새벽 2시 5분경에야 최초 응답을 보내왔다. 결국 1,500명이 넘는 승객이 바다에 수몰되는 참극이 발생했다. 희생자 대부분은 배 밑바닥인 삼등실을 예약한 가난한 사람들이었다. 타이태닉이 사고를 당한 지점에서 가장 가까운 도시가 바로 핼리팩스였다. 대서양을 떠다니던 인명을 구조한 것도 핼리팩스의 선박들이었다. 당시 사고 해역을 운항하던 미니아호는 구조 작업에 혼신의 힘을 쏟았고, 맥케이베넷호는 300구가 넘는 시신을 인양했다. 페어뷰 공동묘지와 더불어 '타이태닉의 비극'을 보존하고 있는 곳이 앞서도 말한 대서양해양박물관이다. 박물관에는 타이태닉 침몰 사고와 관련된 특별 전시관이 있다. 바다 밑 3,900m 지점에 가라앉은 배의 모습을 담은 단편영화를 감상할 수 있을 뿐만 아니라 타이태닉에서 실지로 사용했던 식기류와 선탠용 의자, 승선했던 유명 인사들의 유품도 볼 수 있다. 이등실 및 삼등실의 객실도 복원돼 있다.

핼리팩스를 벗어나 상주인구 60여 명의 자그마한 어촌인 페기스코브Peggy's Cove로 향했다. 도시를 탈출하자마자 차창 밖으로 특색 있는 풍경이 깔렸다. 거대한 돌들이 널렸는데, 토론토에서 온 블로거 앤드류는 "〈내셔널 지오그래픽〉에 나오는 사진 같다"며 놀라워했다. 페기스코브에 도착하니 해안선을 따라 엄청스레 큰 화강암들이 이어졌고, 그 끝에 팔각형의 등대가 서 있었다. 등대 아래서 할머니 악사가 손풍금을 연주하고 있었지만 풍경에 홀린 사람들의 이목을 끌지는 못했다. 등대에서 멀지 않은 손바닥만 한 항구에는 수산물 창고와 색색의 낚싯배들이 고요하게 엎드려 있었다. 마음을 간질이는 풍경이었다. 이 소읍에 해마다 75만 명의 관광객이 몰려드는 이유를 충분히 알 것 같았다.

조바심 끝에 만난 전율의 몸짓

한적한 시골을 연상시키는 마혼베이Mahone Bay를 거쳐 영국이 개척한 식민 도시의 전형이라는 루넨버그Lunenburg에 입장했다. 직사각형 격자 구조에 따라 도시계획이 진행됐는데, 오늘날까지도 최초의 질서가 비교적 잘 남아 있다. 시내 건물들은 대부분 지어진 지 한 세기를 넘겼다. 고옥들에 담긴 사연도 저마다 흥미롭다. 레스토랑 빅 레즈Big Red's는 19세기까지 교도소 건물이었는데, 당시 죄수들에게 바닷가재만 먹게 해 비난을 받았다고 한다. 지금이야 고급 식재료로 융숭한 대접을 받지만 당시만 해도 바닷가재는 식용으로서의 쓸모가 적었던 것이다. 아이언웍스*Ironworks* 양조장은 원래 대장간이었다. 망치질 소리가 면면히 울려 퍼졌을 공간이 지금은 과일을 이용해 브랜디를 만드는 곳으로 용도가 변경됐다. 루넨버그를 뒤로하고 자연 속으로 들어갔다. 장소는 1968년 국립공원으로 지정된 케짐쿠직국립공원*Kejimkujik National Park*. 산림이 울창하지만 길이 순탄해 남녀노소 누구나 부담 없이 산책을 즐길 수 있다. 스태프의 안내를 받아 폭포까지 짧은 트레킹에 나섰다. 햇살의 세례를 받은 숲이 싱싱했고, 잔잔한 수면은 건강한 수목을 이지러짐 없이 반영해 냈다. 낚싯대를 던지는 강태공은 영화 〈흐르는 강물처럼〉의 한 장면을 추억하게 해주었다. 구명조끼를 입고 카누에 올라 노를 젓자 조각배가 연연한 물낯을 미끄러지듯 나아갔다. 바람이 산뜻했고 주변 풍경이 순화로웠다.

셸번*Shelburne* 역시 인구 2,000여 명의 크지 않은 도시다. 도착하자마자 배를 타고 근해로 나아갔다. 어느 지점에선가 선장이 미리 바닷속에 넣어둔 통발을 끌어올렸다. 그 안에 바닷가재가 들어 있었다. 배에 동승한 한 아주머니가 크리스마스가 되면 칠면조에 더해 찐 바닷가재에 크림소스를 얹은 요

리를 즐겨 먹는다고 귀띔했다. 크림 바닷가재를 맛본 곳은 아가일Argyle에 위치한 로지의 레스토랑이었다. 부드러운 가잿살에 더 부드러운 크림이 합세해서 그런지 입에서 살살 녹았다. 또다시 밝아온 아침, 이번에는 야머스Yarmouth의 굴 양식장을 찾았다. 호수 곳곳에는 양식을 위한 장치가 마치 부표처럼 놓여 있었다. 주인으로부터 굴 양식에 관한 설명을 들은 후 생굴을 시식했다. 통통하게 살이 오른 통영의 양식 굴에 비할 바는 아니었지만 갓 채취한 굴의 신선함은 어슷비슷했다. 양식장 안주인은 한쪽 껍질만 제거한 다음 갈릭버터, 파슬리, 파르메산치즈 등을 올려 굴을 구웠다. 냄새부터가 침샘을 자극했다. 씨를 제거한 오이에 레몬과 바닷소금을 넣고 간 다음, 살짝 얼려 굴 위에 올려 먹었더니 한마디로 꿀맛이었다. 얼린 오이즙이 굴의 향을 더욱 짙게 만들어주는 것 같았다.

굴의 잔향을 머금은 채 다음 차례인 딕비Digby로 방향을 잡았다. 펀디Fundy만의 아나폴리스Annapolis 유역 서쪽의 딕비는 웨일 워칭 투어를 위한 관문도시다. 촉박한 시간 탓에 항구 부근 가게에서 바닷가재 샌드위치로 허기를 달랜 후 곧장 배에 올랐다. 항구에서 멀어질수록 해무가 짙어졌다. 탑승자 중 누군가가 "이러다 햇볕에 타는 것sunburn이 아니라 안개에 타겠다fogburn"고 말해 좌중에 웃음이 일었다. 그런데, 고래 출

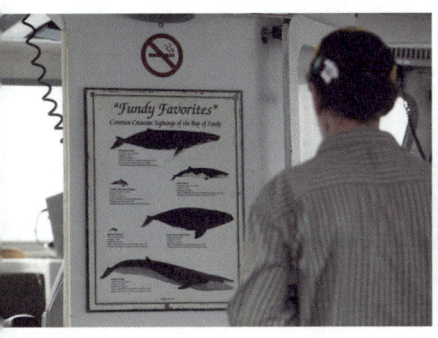

물 예상 지역이 가까워지자 날씨가 거짓말처럼 화창해졌다. 자연의 섭리가 참으로 오묘했다. 몸길이가 30~60ft인 혹등고래는 펀디만에서 6월부터 10월까지 생활하다 먹잇감을 좇아 카리브해와 멕시코만으로 이동한다는데, 과연 오늘 '용안'을 영접하게 될지 슬며시 조바심이 났다. 한동안 바다를 응시하고 있노라니 어느 순간 좌중의 긴박한 탄성과 함께 '집채만 한' 고래가 모습을 드러냈다. 10m는 넘음 직한 바다 포유류가 큰 날개와 꼬리를 연달아 첨벙거렸으며, 그럴 때마다 사방으로 맹렬한 물보라가 튀었다. 배 위의 사람들은 고래의 둔중하면서도 민첩한 몸놀림에 시선을 온전히 빼앗겼다. 좀 더 과감한 녀석들은 등의 상당 부분을 물 밖으로 밀어 올렸다. 살면서 이처럼 모골이 송연해질 정도의 전율을 선사한 생명체를 만난 적이 있었던가. 동승한 관광청 직원은 "열다섯 번 이상 고래 투어에 참가했지만 이번처럼 여러 마리의 고래가 활발하게 움직이는 걸 본 적이 없다"며 함박웃음을 터뜨렸다.

Tour Plus

푸틴*Poutine*은 간략히 말해 치즈와 그레이비소스를 얹은 감자튀김이다. 여기에 고기와 채소 등의 토핑을 추가한다. 푸틴은 일단 짭조름하기 때문에 한번 먹으면 멈추기가 어렵다. 게다가 양도 푸짐한 편이라 한 끼 식사로도 모자람이 없다. 푸틴으로 해장하는 캐나다 사람들도 많다. 홀스하버*Hall's Harbour*는 로브스터의 고향으로 불린다. 이곳 앞바다의 낮은 수온은 바닷가재 서식을 위한 최상의 환경을 제공한다. 색이 짙고 육질이 탱탱한 최상급 바닷가재가 무더기로 잡힌다. 덕분에 집게발이 어른 손바닥보다 큰 바닷가재를 저렴한 가격에 맛볼 수 있다.

2부

―

느림의 풍경

명상 같은 여행

—

인도 케랄라

케랄라Kerala주는 또 하나의 우주라고 축약할 수 있는 인도에서도 독자적인 풍경과 문화를 보여준다. 코치는 동양과 서양의 흔적이 혼재하는 이채로운 공간이며, 전통 선박을 이용한 수로 여행은 풍성한 적막 속에서 자신을 되돌아볼 수 있는 기회를 부여한다. 그리고 휴양지 코발람에서는 인도의 전통 의술인 아유르베다를 통해 심신에 생기를 불어넣을 수 있다.

　　인도를 세 번 다녀왔다. 부처의 흔적이 남아 있는 북동부 도시들을 돌아보는 여정이 에피소드가 만발하는 장편소설이었다면, 케랄라를 휘돌아다니는 여행은 여백이 많은 한 편의 시였다. 전자가 오케스트라를 동원한 장중한 종교음악이라면 후자는 즉흥연주가 도드라지는 재즈 같았다. 자유롭고, 여유롭고, 때론 현란했다.

향신료를 두고 으르렁거리다

 인도 남단에서 아라비아*Arabia*해를 면한 케랄라주를 톺아보기에 앞서 뭄바이*Mumbai*에 잠시 머물렀다. 인도 제2의 도시에서 두드러지게 불거진 공간은 도비 가트*Dhobi Ghat*였다. 한꺼번에 1,000여 명을 수용할 수 있는 세계 최대의 빨래터에서 빨래 담당 카스트인 도비왈라는 하루 평균 200여 장의 빨랫감을 감당한다. 현지를 스치듯 지나가는 관광객의 입장에서 평생 빨래에 종사하는 그들의 삶은 쉬이 가늠되지 않았다. 주후*Juhu* 해변에는 여행자와 장사꾼과 주민들이 엉켜 있었다. 파도를 가르는 서퍼도, 순백의 요트도 그곳엔 없었지만 사람들은 잇바디를 드러내며 잇따라 웃음판을 벌였다. 저물녘의 해변이 탐스러웠다.
 케랄라의 주요 도시 코치*Kochi*에는 동양과 서양이 갈마들었다. 동양과 서양이 현존하는 인도 최고最古의 무역항에 앞서거니 뒤서거니 들이닥친 것은 향신료 때문이었다. 중국은 물론이고 유럽과 아라비아의 상인들까지 드나들었다. 향신료

는 황금알을 낳았고, 급격하게 축적된 부는 서구 열강의 먹잇감이었다. 19세기까지 포르투갈, 네덜란드, 영국 등이 코치를 취하려고 서로 얼굴을 붉히며 으르렁거렸다. 코치까지 발걸음을 놓았던 세력들은 제가끔 자취를 남겼다. 남겨진 표시나 체재했던 자리는 굳어서 도시에 색다른 풍경을 덧입혔다. 특히 구시가인 포트 코치*Fort Kochi*와 마탄체리*Mattancherry*가 그렇다. 예전에는 이걸 다문화라고 불렀지만 지금은 독특한 관광자원이라고 하는 편이 옳을 것이다. 유대인 마을에서는 유대교회당보다 그 앞의 아롱다롱한 거리에 더 매료됐다. 노점상들은 노랗고 파란 회벽의 건물들을 등진 채 기념품을 팔았고, 상가의 점주들은 그 안에서 골동품을 선보였으며, 몸으로 일하는 자들은 큰 수레로 향신료 포대를 연달아 실어 날랐다.

    코치의 바닷가에서는 매우 큰 중국식 어망이 아라비아해에 발목을 담근 채 도도한 해거름을 받아내고 있었다. 어망은 원나라 황제인 쿠빌라이 칸이 대륙을 쥐락펴락하던 시절, 코치항까지 전해졌다고 한다. 너덧 명의 어부가 구호에 맞춰 무거운 돌들이 달린 밧줄을 사력을 다해 잡아당겼다. 그물에 걸린 물고기의 수는 들이는 수고에 비해 초라했다. 허탕을 짚는 경우도 자주 발생했다. 중국식 어망은 물고기를 잡기 위한 수단이라기보다 관광객을 위한 퍼포먼스용 도구로 보였다. 신시가지인 에르나쿨람*Ernakulam*에서 인도 5대 고전무용 가운데 하나라는 카타칼리*Kathakali*를 관람했다. 서사시와 힌두 신화를 소재로 하는데, 이야기를 전달하는 매개는 소리꾼의 읊조림과 악사의 북소리와 남자 배우들의 몸짓이었다. 7년의 수련 과정을 거친 연후에야 비로소 무대에 오를 수 있다는 배우들은 일관되게 말이 없었다. 공연 전 공개된 배우들의 분장실에서도 진지함과 엄숙함만이 감돌았다.

능동적으로 선택한 수동의 즐거움

케랄라에서 빼놓을 수 없는 것이 내륙수로 투어다. 하우스 보트로 불리는 전통 선박을 타고 수로를 따라 느긋하게 나아가는 방식이다. 케랄라의 알라푸자*Alappuzha*와 콜람*Kollam* 사이에는 40개 이상의 강이 흐르는데, 이를 약 900km의 수로가 이어준다. 총 4명의 스태프를 태운 배가 드디어 움직이기 시작했다. 하우스 보트는 적막하고 적막한 여행이었다. 그저 배에 앉아 좌우로 흐르는 평화로운 풍경을 오로지했다. 모눈종이 같은 일상에서 벗어나 능동적으로 선택한 수동의 즐거움을 최대치까지 누렸다. 적막은 가끔가끔 선장이 울려대는 기적 소리에 의해서만 흔들렸다. 선장은 기적을 울리고 그 소리에 반응하는 강안江岸의 사람들을 향해 손을 흔들었다. 해가 이울고 부레옥잠의 바다에 사뿐히 배가 멈춰 섰다. 물 위의

배에서 일찌감치 잠을 청했다. 눈에 보이는 것도 만질 수 있는 것도 칠흑 같은 어둠뿐이었다. 도시인들에게는 낭만적 열병인 고독이 하우스 보트에 넘실거렸다. 까만 밤이 느리게 흘러갔다.

이튿날 케랄라 남쪽 끄트머리의 코발람Kovalam과 접선했다. 1930년대 영국인들이 개발한 코발람 해변은 인도의 유명 휴양지이자 아유르베다 리조트들이 몰려 있는 곳이기도 하다. 아유르베다는 기원전 600년경부터 내려오는 힌두교의 전통 치료법을 말한다. 화학적 치료제나 수술 대신 생약제와 오일을 이용한 마사지 그리고 '소리 없는 폭풍'으로 불리는 요가 등으로 병을 다스린다. 체질 분석도 중요하게 여긴다. 코발람의 한 리조트에서 아유르베다를 체험했을 때 몸 전체의 세포들이 하나씩 깨어나는 느낌이었다. 코발람의 광막한 해변에는 많은 수의 배들이 정박해 있었다. 프랑스에서 온 어떤 여인이 "힌두교도들의 배"라며 "그들은 해변 가까이에서만 조업한다"고 일러주었다. 어쨌든 원거리에서 관망하는 현지인들의 일상은 그 치열한 속내와는 상관없이 평온해 보였다.

종착지는 트리반드룸Trivandrum의 스리 파드마나바스와미 사원이었다. 1733년에 지어진, 인도 전역을 통틀어 힌두교 사원의 좌장으로 꼽히는 곳이다. 외벽을 장식하는 가지각색의 조각상들이 매우 특별하다. 규율이 엄격해서 외국인의

출입은 용납하지 않는다. 힌두교도일지라도 도티와 사리를 입지 않으면 내부로 들어갈 수 없다. 트라방코르 왕조의 마하라자가 자신의 왕국을 바치고 이곳의 하인을 자처했다는 일화가 전해진다. 전용 차량으로 돌아오는 길, 단체로 수학여행을 온 듯한 학생들이 버스 창문에 몸의 절반을 내밀고는 환한 표정을 짓고 있었다. 전통의 사원이 간수한 무게감과 옛 영주의 전설이 아이들 웃음 너머에서 아스라했다.

Tour Plus

영화 〈슬럼독 밀리어네어〉에는 슬럼이 주요 배경으로 등장한다. 여기서 슬럼은 지구상에서 가장 규모가 큰 빈민가인 뭄바이의 다라비를 가리킨다. 간디는 1917년부터 1935년까지 뭄바이에서 살았다. 간디박물관에는 그의 비폭력 저항 정신을 나타내는 물레를 위시해 유품과 자료들이 전시돼 있다. 엘리펀트 섬은 뭄바이의 대표적인 유적지로 450~750년 사이에 축조된 석굴 사원의 위풍이 넘친다. 코발람에는 소마티람(www.somatheeram.in)을 비롯해 아유르베다를 체험해 볼 수 있는 숙박 시설이 많다.

지중해의 섬나라에서 보낸 아흐레

―

몰타 몰타 & 고조 & 코미노

지중해의 섬나라 몰타에서 아흐레를 머물렀다. 매일같이 버스를 타고 이곳저곳을 어슬렁거렸다. 목적지 선택은 즉흥적이었는데, 다정한 경치를 만나면 주저앉았고 배가 고프면 식당 문을 노크했다. '문명의 교차로', '기사단의 나라' 같은 몰타를 수식하는 정중한 표현은 별달리 의식하지 않았다.

나를 몰타로 이끈 것은 무지無知였다. 몰타에 대해 아는 것이 거의 없었다. '몰타'라는 두 글자를 소리 내어 읽어도 특정한 이미지가 떠오르지 않았다. 그래서 떠나기로 결심했다. 어쩌면 오랜 세월 직업 여행가로 살아오며 남루해진 마음을 환기시키기에는 '익명'의 공간이 제격이었는지도 모르겠다. 부랴부랴 간단한 정보를 챙겨 비행기에 몸을 실었고, 네 번의 기내식을 먹은 다음에야 몰타국제공항에 도착할 수 있었다.

걸인의 숙소, 왕후의 바다

몰타*Malta* 섬의 해안가 도시 슬리에마*Sliema*에 주소를 둔 나의 호텔은 볼품없었다. 시설은 낡았고 방은 좁았다. 복도의 소음이 가감 없이 방으로 전달됐고, 객실 창문을 열면 옆 건물의 냉정한 벽이 쏟아졌다. 하룻밤 숙박료는 3만 원이 조금 넘었다. 슬리에마의 호텔은 형편없었지만 그 형편없는 숙소를 몇 발짝만 벗어나면 탁 트인 지중해가 반겼다. '걸인의 숙소, 왕후의 바다'였다. 짙푸른 바다는 다급하지 않았다. 물살은 강고하지 않았고, 파도는 갈기를 세우지 않았다. 먼바다에서 유장하게 흘러와 석회암 해변을 점잖게 어루만졌다. 11월 초순이었지만 몇몇 사람들이 물에 뛰어들었다. 누군가는 바위에 비스듬히 누워 책장을 넘겼고, 또 누군가는 바위에 걸터앉아 낚싯대를 드리웠다. 몰타를 떠나기 전날에도 어김없이 슬리에마의 해안가에서 잠적한 시간을 보냈는데, 촬영 중이던 카메라가 갑자기 말을 듣지 않았다. 여느 때 같았으면 초조하고 불안해서 어찌할 바를 몰랐겠지만 이상하게도 몰타

의 잔잔한 바다처럼 마음이 평온했다. 아예 해안가 평평한 바위에 앉아 아무것도 하지 않는 즐거움에 몰입했다. 석상처럼 꼼짝하지 않은 채 카메라가 아닌 두 눈에 풍경을 아로새긴 그 2시간이 몰타에서 누린 가장 벅찬 순간이었다.

몰타의 현 수도 발레타*Valletta*를 조목조목 들춰 보기에 앞서 옛 수도 임디나*Mdina*부터 찾았다. 도시 전체가 세계문화유산으로 지정된 임디나의 성채는 몰타에서 가장 높은 곳에 가부좌를 틀고 있다. 그래 봤자 살짝 배가 나온 둔덕 수준이지만. 예전에는 거주지의 고저가 신분의 높낮이를 의미했다. 임디나가 귀족들의 삶의 터전이었다는 얘기다. 지금도 상류층이 주거한다는데, 일일이 확인할 수도 없고 그럴 필요성도 느끼지 못했다. 성채 도시 임디나의 좁고 구부러진 골목골목을 소요했다. 가끔씩 관광객을 태운 마차가 소로를 통과했다. 임디나에서 가장 큰 건축물이자 사도바울을 기념하기 위해 세운 성바울성당을 나와 초콜릿케이크가 유난히 맛있다는 카페 폰타넬라*Fontanella*에 착석했다. 삐딱하게 보자면 떠들썩한 소문에는 다소간 과장의 혐의가 있었지만 어쨌든 케이크는 진하고 감미로웠다. 카페에서 내려다보는 조망도 활달했다.

일요일 아침, 고민할 것도 없이 몰타 섬 동남쪽의 어촌 마사슬록*Marsaxlokk*으로 향했다. 일요일마다 어시장이 열리기

때문이다. 문패는 어시장이지만 해산물을 비롯해 갖가지 농산물과 공산품이 집결했다. 울긋불긋한 차양 아래 노점상들이 좌우로 진을 쳤고, 그 사이로 난 통로를 따라 사람들이 꼬리에 꼬리를 물고 이어졌다. 익숙한 생선도 있고 낯선 물고기도 있었지만 전반적인 어물전의 풍경은 우리와 별반 다르지 않았다. 한 가지 서운한 점은 누가나 견과류 같은 간식거리 이외에 끼니를 때울 만한 음식을 팔지 않는다는 것이었다. 대안으로 도로를 사이에 두고 노천시장과 마주한 식당들 중 한 곳을 골라 아침 겸 점심을 해결했다. 굴, 홍합, 오징어, 조개 등을 한 그릇에 담아낸 해산물 믹스는 익숙한 맛이었다. 익숙해서 편안했고, 편안해서 일요일 오전이 한결 나른해졌다.

몰타공화국은 총 6개의 섬으로 구성된다. 섬들을 다 끌어안아도 제주도 면적의 6분의 1에 불과하다. 그중 으뜸가는 규모에 정치, 경제, 문화의 중추 노릇까지 하는 섬이 몰타 섬이다. 수도인 발레타도 당연히 몰타 섬에 있다. 마사슬록에서 발레타로 건너와 제일 먼저 방문한 곳은 어퍼 바라카 가든 *Upper Barrakka Gardens*이었다. 높은 지대에 정원이 꾸며져 있고, 가장자리에서는 천연의 항구와 맞은편 도시를 단번에 눈에 담을 수 있다. 발레타 최고의 문화유산이자 16세기 몰타기사단이 남긴 걸작 성요한대성당도 물론 좋았지만 무엇보다 흡족한 경험은 곤돌라 탑승에서 비롯됐다. 몰타의 곤돌라는 이탈리아 베니스의 그것과는 달랐다. 배 양쪽에 묶인 노는 장식에 불과했고 정작 배를 추동하는 것은 모터였다. 사공이 노를 젓지도 가곡 한 자락을 뽑지도 않았지만 투박한 유람선보다 훨씬 운치가 있었다. 수면에 바짝 붙은 곤돌라에서는 세상을 바라보는 나의 시선도 낮아졌다. 낮은 시선으로 바라본 세상은 일요일 아침의 늦잠처럼 평화로웠다.

어슬렁어슬렁, 타박타박

슬리에마에서 203번 버스를 타고 도착한 몰타 섬 서북쪽의 뽀빠이 빌리지Popeye Village는 퇴락한 테마파크의 느낌이 물씬했다. 비수기의 월요일 오전이라 그런지 몰라도 20명 남짓한 관광객들만이 쓸쓸한 공기에 이따금 파열음을 내고 있었다. 이곳에서 촬영했다는 로빈 윌리엄스 주연의 1980년 영화 〈뽀빠이〉는 종내 떠오르지 않았다. 뽀빠이와 올리브 분장을 한 스태프들과 기념사진을 찍으며 아쉬움을 달랬다. 빌리지 인근의 멜리에하Melieha 비치도 한적했다. 주인을 찾지 못한 파라솔이 눈에 자주 띄었다. 사람들의 발걸음은 성겼지만 햇살의 밀도는 꽤나 빽빽했다. 11월 중순을 향해 가는데도 빳빳한 햇볕이 해변과 바다에 빈틈없이 내리쬐었다. 다행히 공기 중 물기가 적어 그늘에 몸을 숨기자 금세 열기가 가라앉았다.

딱히 갈 곳이 있지는 않았지만 숙소로 복귀하기에는 시간이 일렀다. 대충 지도를 본 다음 222번 버스를 타고 '옆길'로 새기로 했다. 하차한 곳은 세인트폴스베이 St. Paul's Bay. 바닷가를 거닐다 소박한 펍에 발을 들여놓았다. 주민으로 보이는 한 무리의 사람들이 시끌벅적하게 잔을 부딪혀가며 이탈리아 스파클링 와인인 프로세코를 마시고 있었다. 같은 와인 한 병을 시켜 목을 축였다. 값비싼 와인도 아니고 기막힌 안주를 동반한 것도 아니었지만 그 어떤 산해진미도 부럽지 않았다. '우연히 든 길이 지도를 만든다'는 격언이 진하게 와닿는 순간이었다. 또다시 222번 버스를 탔다. 이번에는 슬리에마 '옆 동네' 세인트줄리안 St. Julian에 내렸다. 번화한 곳답게 카페, 바, 카지노, 클럽 등이 성업 중이었다. 휴고스 라운지 Hugo's Lounge에 들어가 보드카 마티니를 주문했다. 한 모금 한 모금 홀짝거렸더니 어느덧 밤이 이슥해졌다.

인접한 코스피쿠아 Cospicua, 센글리아 Senglea와 함께 쓰리시티 Three Cities의 일원으로 묶이는 비토리오사 Vittoriosa는 도시라고 부르기에도 민망할 만큼 덩치가 작았다. 두 번에 걸쳐 산책했는데 역시 골목 탐방 시간이 제일 말랑말랑했다. 끊어질 듯 이어지는 가느다란 길에서 아이들은 천진하게 뛰어다녔고, 베란다의 빨래는 조속조속 졸았으며, 이름 모를 예술

가는 밤늦도록 자신의 작업에 몰두했다. 심지어 어느 여염집 앞에 놓인 노란빛과 연둣빛의 가스통조차 정물화처럼 보였다. 은근하게 차오른 감흥을 내칠 길이 없어 노천카페에서 시원한 지역 맥주를 들이켰다. 개인적으로는 라거 맥주 시스크 Cisk보다 에일 맥주 블루 레이블Blue Label에 더 높은 점수를 줄 만했다. 향긋하고 묵직했다. 내친김에 비토리오사의 레스토랑 오스테리아 베Osteria. Ve에서 저녁을 들었다. 말린 대구 스튜에서는 감칠맛이 폭발했으나 청어 스파게티는 인상이 찌푸려질 만큼 매우 짰다. 짠맛의 공습은 청어나 치즈가 아니라 소금기가 속속들이 밴 면에서 온 듯했다. 그래도 맛이 나쁘지 않아 접시를 싹싹 비웠다.

세밀한 표정과 장쾌한 풍경이 두루 표표한 몰타에서 환상적인 물빛을 접한 곳은 두 번째로 큰 섬인 고조Gozo와 가장 작은 섬인 코미노Comino였다. 몰타 섬에서 고조 섬으로 이동하는 동안 배 위에서 바라본 지중해는 더할 나위 없이 푸르러서 눈이 다 아플 지경이었다. 순백의 요트가 푸른색의 비단을 훑으며 흘러가는 순간, 너무 완벽해 흠잡을 데 없는 청백의 그림이 탄생했다. 고조 섬의 서쪽 해안에는 아치형의 바위 아주르 윈도우Azure Window가 있다. 길고 긴 시간 동안 파도의 촉수가 석회암 가운데를 갉아먹어 '세상을 보는 창'이 터진 것이다(지금은 아치가 무너진 상태다). 코미노 섬을 둘러싼 블루 라

군은 한술 더 떠 도원경의 경지를 보여주었다. 남색에 가까운 짙은 푸름과 옥색에 가까운 연한 푸름이 혼재돼 줄기차게 눈길을 박아도 지루하지 않았다. 뱃길을 되짚어 슬리에마로 귀환하는 도중 하늘과 바다가 모두 붉게 물들었다. 해거름에 홍조를 띤 몰타의 바다가 애틋했다. 몰타에서의 여정이 아직 사흘 남았지만 끝을 짐작할 수 없는 여행 후유증은 벌써 시작되고 있었다.

Tour Plus

―

몰타공항에서 슬리에마까지는 차로 25분 정도 걸린다. 차량이 많아 도로가 자주 막히는 점은 유의해야 한다. 몰타 섬을 다닐 때는 버스가 유용한데, 시간표를 미리 확인해 두는 편이 좋다. 고조 섬과 코미노 섬을 한꺼번에 다녀올 때는 현지 투어 프로그램을 이용하면 편리하다. 숙소 위치 때문에 슬리에마의 식당들을 주로 드나들었다. 라 쿠카냐(www.cuccagnamalta.com)는 다양한 종류의 피자와 파스타, 그릴 요리를 내는 집이다. 피자의 수준이 높다. 카페 쿠바(www.wolt.com)는 캐주얼한 분위기와 별 모양의 피자로 흥행을 이어나가는 곳이다. 발레타의 라 메르*La Mere*에서 내는 양고기 요리는 소스가 좀 짜지만 고기는 상당히 부드럽다. 매운 인도 카레와 새콤한 레바논 치킨 샐러드도 입맛을 돋운다.

가장 찬란한 4월

―

슬로베니아 블레드 & 피란

유고슬라비아연방이 역사의 흐름을 거스르지 못하고 무너지면서 생겨난 독립국가들 가운데 여행지로서 쩌렁쩌렁한 명성을 누리는 곳은 크로아티아다. 그런데 크로아티아와 국경을 맞댄 슬로베니아 역시 '매력 부자'다. 앙증맞은 도시는 사랑스럽고, 바다를 끼고 있는 휴양지는 나긋하다. 여행자들의 선택을 받기에 조금도 모자람이 없다.

    슬로베니아에 발을 내디딘 것은 4월 8일이었다. 호숫가 마을 블레드*Bled*를 시작으로 수도이자 대학 도시인 류블랴나*Ljubljana*, 이스트라반도의 휴양도시 피란*Piran*, 피란 근방의 또 다른 휴양도시 포르토로즈Portoroz와 이졸라Izola 등을 쏘다녔다. 사전 정보가 많지 않아 짐작과 예상으로 가늠했던 슬로베니아는 '머릿속 그림'보다 훨씬 더 아름다웠다. 풍경이 아름다웠고, 풍경의 안쪽에서 터를 잡고 살아가는 사람들이 아름다웠다. 날씨도 아름다웠다. '유고'나 '슬로베니아'를 발음하면 왠지 스산한 날씨가 연상되곤 했지만 몸소 경험한 슬로베니아의 4월은 화창했다. 하늘이 맑았고 바람결에서 온기가 묻어났다. 바닷가 도시의 어떤 이들은 아예 반팔 차림이었다. 슬로베니아의 4월이 내 마음을 녹녹하게 반죽했다.

나룻배를 타고 섬으로

4월 9일, 블레드의 호텔에서 아침을 맞았다. 늦게 잠들었지만 일찍 눈이 떠졌다. 맑은 공기가 맡고 싶어졌다. 주섬주섬 옷을 챙겨 입고 호텔을 나섰다. 비교적 이른 시간임에도 몇몇 사람이 헤드폰을 낀 채 호수 주변을 뛰거나 걸었다. 아침을 당겨 맞는 사람들이었다. 호수 가녘의 벤치에 앉았다. 아침 공기보다 더 상쾌한 풍경이 눈앞을 막아섰다. 잔주름이 잡힌 블레드 호수와 그 호수에 다소곳이 떠 있는 손바닥만 한 블레드 섬, 그리고 정수리에 흰 눈을 얹고 있는 율리안 알프스의 산자락이 아침 햇살의 호위를 받아 광택이 났다. 길이

2,120m, 너비 1,380m의 호수를 훑고 건너온 바람이 싱싱하다 못해 씽씽했다.

아침을 먹고 다시 블레드 호숫가로 나왔다. 블레드 섬으로 건너가기 위해 물가에서 숨을 고르고 있던 전통 나룻배 플레트나Pletna에 올라탔다. 배가 떠난 지점에서 배가 닿는 지점까지는 멀지 않았지만 물결과 바람결을 거슬러 가야 하는 탓에 배는 천천히 나아갔다. 양손에 노를 쥔 사공은 온몸의 근육을 남김없이 사용하며 배를 조금씩 전진시켰다. 그는 가끔가끔 하얀 이를 드러냈지만 침묵하는 시간이 더 길었다. 그는 노 젓는 일에 고요히 집중했다. 플레트나를 운행하는 일은 금녀의 영역이다. 18세기부터 이어진 이 뱃사공 일은 오직 남성에게만 허락되고 있다. 사공의 숨이 턱에 차올랐을 때 배가 접안했다.

블레드 섬은 성모마리아승천성당 하나만을 위한 무대였다. 담백한 성당 내부로 들어서니 기다란 줄이 시선을 잡아끌었다. 줄은 이른바 '행복의 종'과 연결돼 있다. 성당에서 결혼식을 올린 신혼부부가 이 종을 울리며 사랑이 영원하기를, 뜻하는 바가 이뤄지기를 갈구한다. 동행한 블레드관광청 직원은 "결혼식장에 들어서기 전 신랑에게는 한 가지 과제가 더 주어진다"고 귀띔했다. 신부를 안아 든 채 선착장에서 성당으로 이어지는 99개의 계단을 한 번에 올라야 한다는 것이었다.

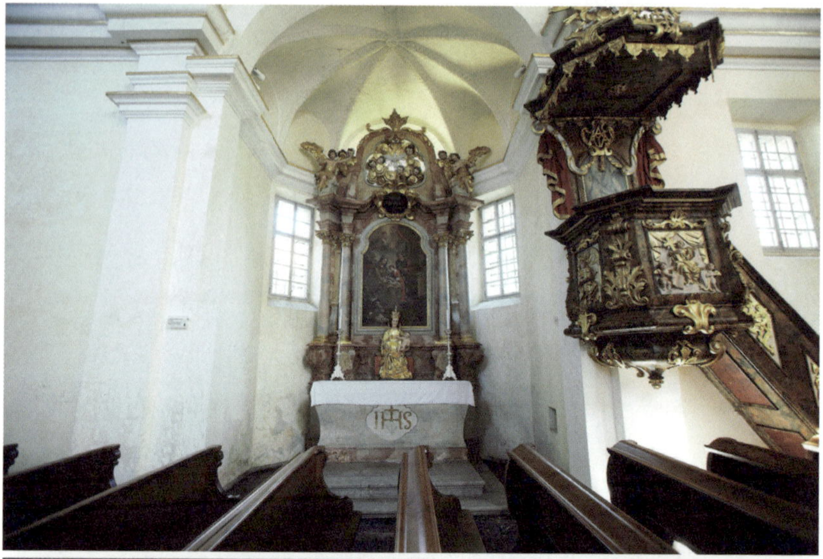
IHS

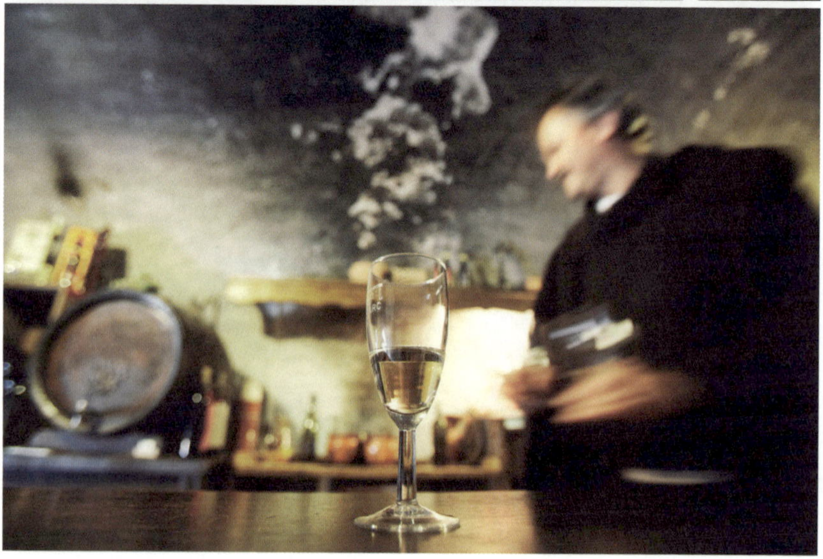

신랑의 힘자랑은 동서고금을 막론하고 다르지 않은 듯했다. 연미복을 입은 채 땀을 뻘뻘 흘리는 신랑의 모습이 그려져 슬며시 웃음이 일었다.

뭍으로 귀환한 다음, 블레드의 또 다른 심벌인 블레드성을 찾았다. 성은 약 100m 높이의 절벽에 올라앉은 탓에 전망대 역할을 톡톡히 했다. 성곽에서 넓게 품은 블레드의 전경은 찬사가 절로 터질 만큼 눈부셨다. 눈에 비친 것은 푸른 하늘과 초록의 산줄기와 청록의 호수였다. 호수에는 평화로움이 흥덩흥덩 넘쳐났다. 정지 화면 같은 풍경 속에서 오직 플레트나만이 얕은 물이랑을 뒤로 끌면서 호면을 지나갔다. 성에는 16세기에 지어진 예배당과 블레드에서 발굴된 유물들을 전시하는 소규모 박물관도 자리했다. 성에서 내려오는 길에 와인 하우스에 들러 수도사가 직접 담근 와인을 시음했다. 시큼털털한 와인보다는 지하 저장고 같은 실내 분위기와 콧수염을 기른 수도사의 호탕한 웃음이 더 긴 잔상으로 남을 것 같았다.

'고양이 여행자'를 위한 휴양지

슬로베니아의 면적은 한반도 11분의 1에 불과하다. 좁은 국토에 들어선 도시들도 너나없이 체구가 왜소하다. 슬로베니아의 심장부인 류블랴나도 예외는 아니어서 교통수단에 의존하지 않고 두 발로 걸으며 도시의 디테일을 모조리 챙길 수 있을 만큼 조붓하다. 총총걸음이 필요 없다. 나른한 산책을 마친 후에는 도시를 관통하는 류블랴니차강의 투어 보트를 이용해 보자. 유연자적 흘러가는 배에 오르면 강 주변에 포진한 류블랴나의 명소들을 앉은 자리에서 훑어볼 수 있다. 강을 건너지르는 개성 있는 다리들을 살펴보는 재미도 기대 이상이다.

이스트라반도의 휴양도시인 피란. 세계 각지에서 피란으로 모여든 사람들은 행복하게 게으른 여행자였다. 누구 하나 볼거리에 집착해 분주하게 움직이거나 약속을 잡기 위해 시간을 쪼개지 않았다. 어떤 이들은 타르티니*Tartini* 광장의 노천카페나 골목골목의 펍에서 이야기꽃으로 하루해를 지웠고, 어떤 이들은 해변의 레스토랑에서 바다를 마셔댔다. 또 다른 이들은 반드러운 아드리아*Adria*해에 순백의 요트를 띄우고 무위한 시간을 길어 올렸다. 그들은 모두 볕 좋은 계단에서 잠을 자고 있는 고양이 같았다. 기세등등하던 태양이 자신의 고도를 낮춰 바다에 가까워질 무렵 해안가를 찾았더니 서너 명의 사내들이 낚싯대를 드리우고 있었다. 그들은 강태공이 세월 낚듯 했다. 피란에 담긴 모든 순간들이 저속으로 재생되고 있는 것만 같았다.

겨울이 아닌 봄에 피란 땅을 밟아야 하는 또 하나의 이유는 벼룩시장이다. 시장은 4월부터 9월까지 매달 네 번째 토요일에만 타르티니 광장에서 열린다. 나는 운이 좋게도 넷째 주 토요일 피란에 있었다. 피란의 벼룩시장은 누군가의 필요에 의해 긴요하게 쓰였을 갖은 중고품과 각양각색의 골동품, 이런저런 음식들과 여러 가지 수공예품들의 경연장이었다. 도붓장수와 피란의 주민들이 차린 좌판들을 시간 가는 줄 모르고 구경하다 유고슬라비아연방 시절 만들어진 탁상시계를 15유로에 구입했다. 세월의 더께가 내려앉은 시계는 여기저기 녹이 슬었지만 태엽을 감아 밥을 주자 곧장 부활했다. 시침과 분침이 또각또각 움직였다. 음식을 파는 상인들은 피란의 이방인들 틈에서 거의 유일한 동양인인 내게 슬로베니아 와인과 두툼한 훈제 고기, 그리고 갓 구운 빵을 맛보기로 거듭거듭 권했다. 시식이 아니라 거의 한 끼 식사에 가까웠다. 새콤한 와인은 산뜻했고, 훈연의 향이 살아 있는 고기는 쫄깃했으며, 유기농 빵은 보드라웠다. 그것은 음식 맛에 마음 맛이 더해진 결과였다. 피란의 4월, 네 번째 주말이 그렇게 따사롭게 시작되고 있었다.

Tour Plus

류블랴나에서 블레드까지 기차가 다닌다. 류블랴나에서 피란까지의 거리는 약 120km. 류블랴나에서 버스로 1시간 20분 정도 걸리는 포스토이나 동굴은 유럽에서 가장 큰 석회동굴이다. 슬로베니아의 소문난 관광 명소로 약 5km 구간만 개방된다. 입구에서 동굴 열차를 타고 좁은 터널을 지나 내리면 본격적인 탐험에 나서게 된다. 기묘한 형태의 종유석과 석순 등이 절창이다. '휴먼 피시'라고 불리는 희귀 물고기도 서식한다. 블레드의 그랜드 호텔 토플리체(www.hotel-toplice.com)는 지역의 유서 있는 호텔이다. 호수를 바라보는 전망이 빼어나다. 아드리아해를 안고 있는 피란과 포르토로츠에는 크고 작은 호텔들이 많다.

조금이라도 더 붙들고 싶었던 오후

—

알바니아 티라나 & 두러스 & 베라트

코소보와 알바니아는 민족과 언어가 같지만 자연환경에서 대차게 갈리는 지점이 있다. 내륙국 코소보에는 바다가 없지만 알바니아는 서쪽에 아드리아해를 두르고 있다. 알바니아관광청에서 나온 중년의 사내는 "해발 2,500m가 넘는 알바니안 알프스가 북쪽에 버티고 있는데 바다와 산 둘 다 간직한 알바니아가 스위스보다 낫다"며 우쭐거렸다.

차를 타고 코소보에서 알바니아로 넘어왔다. 국경에 설치된 요금소 같은 검문소는 검박했다. 삼엄하다거나 위압적인 분위기는 감지되지 않았다. 그저 실용적인 목적 말고는 어떠한 의지도 표명하지 않는 건물의 표정이 무덤덤했다. 여권 심사(가이드가 일괄 수거해서 차에서 내릴 필요가 없었다)도 큰 인내심을 요하지 않았다. 발칸반도의 두 나라를 오가는 '통과의례'는 간소하고 간편했다. 2시간 30분 정도 지나 인구 100만의 수도 티라나*Tirana*에 닿았다. 몇 년 전 완공된 고속도로가 없었더라면 6시간 가까이 걸렸을 것이다.

장구한 시간이 고인 항구도시

저녁 7시가 넘어 막이 오른 티라나 워킹 투어. 하늘이 발그스레한 홍조를 띠기 시작했다. 국립역사박물관과 오페라극장 등이 모여 있는 도시의 중심 스칸데르베그*Skanderbeg* 광장에 진입하자 푸름과 붉음이 섞인 하늘에 낮고 두꺼운 구름이 더해져 극적인 장면이 연출됐다. 이날 투어의 메인 테마는 단연 기억에 선명히 남을 하늘의 빛깔과 구름의 형상이었다. 광장에는 하늘을 떠받치듯 뾰족하게 솟아오른 세 가지가 있다. 하나는 1822년에 지어져 1971년까지 티라나에서 최장신 건물(그래봤자 35m다)로 통했던 시계탑이고, 또 다른 하나는 시계탑 바로 옆의 에템 베이 모스크*Ethem Bey Mosque*다. 풍채가 압도적이지는 않지만 가장 미려한 모스크 중 하나로 거명된다. 예전엔 시계탑 그림자가 모스크에 닿으면 광장 근처 시장

이 문을 닫았다는 낭만적인 이야기도 내려온다. 마지막으로 빼놓을 수 없는 것이 기에르기 카스트리오티 스칸데르베그 동상이다. 15세기 오스만제국에 맞서 싸운 알바니아의 군주이자 국민 영웅이다. 광장의 이름도 그에게서 비롯됐다. 동상 뒤로 피어난 역동적인 저녁 하늘이 말 등에 올라앉은 그의 위엄을 한껏 북돋워주는 듯했다. 19세기에 세워진 아담한 돌다리를 끝으로 짧지만 알찬, 그래도 아쉬움이 진하게 남는 티라나 도보 여행이 막을 내렸다.

저녁 식사 도중 관광청의 소콜 씨로부터 들은 이야기인데 알바니아에는 무려 70만 개를 상회하는 벙커가 있다고 한다. 40년 넘게 철권통치를 이어나간 엔베르 호자가 외적의 침략에 맞선다며 구축한 것이다. 알바니아 전체 인구가 약 300만 명이니 그 숫자가 소름이 끼칠 정도다. 1985년 호자가 사망한 뒤 알바니아 공산주의 정권은 급속하게 무너졌다. 1991년 2월 20일, 거리로 뛰쳐나온 시민들은 마침내 호자의 동상을 밧줄로 당겨 쓰러뜨렸다. 독재자는 가고 없지만 그가 남긴 어처구니없는 유산은 골칫덩어리였다. 그 수가 너무 많아 일일이 부수기도 힘들었다. 요즘은 식당이나 바 등으로 벙커를 재활용하는 사례가 늘어나고 있다.

다음 날 오전, 티라나를 떠나 두러스Durres로 향했다. 티라나에서 서쪽으로 40km 정도 멀리 있는 두러스는 거의

3,000년의 시간이 누적된 고도古都이자 알바니아에서 가장 큰 항구도시다. 수심이 얕은 아드리아해에 면해 있어 가족 단위 관광객이 많이 찾는다는 전언이 있었지만 때가 아직 일렀던 탓일까. 토요일 오전의 두러스 해변은 한산했다. 바람은 잠잠했고 파도도 말이 없었다. 흰색 중절모를 쓰고 삼각 수영복을 입은 할아버지만이 휑한 백사장에 홀로 서서 바다를 응시하고 있었다. 벤치에 나란히 앉은 두 어르신 역시 별다른 대화 없이 자신들의 시선을 바다에 동여맸다. 팔짱을 끼고 해변 뒤쪽의 보도를 느릿하게 걷는 노부부도 보였다. 남편의 왼팔은 아내 오른팔의 도움을, 남편의 오른팔은 지팡이의 부축을 받았다. 도움과 부축 없이 걸었을 할아버지의 젊은 시절을 아주 잠깐 헤아려봤다.

산전수전 다 겪은 도시로서의 면모는 발칸반도에서 두 번째로 큰 로마시대 원형극장에서 여실히 드러났다. 자비 없는 풍상에 허물어진 부분이 많고 관리가 잘 되지 않아 1만 5,000명을 수용했다는 극장의 위용이 살갗으로 전해지지는 않았지만 두러스에 온 이상 한 번쯤 들러볼 만한 장소임에는 분명했다. 다음 도시로 이동하기에 앞서 잠시나마 자유 시간을 가졌다. 우리나라 돈으로 약 500원 하는 멜론 맛 아이스크림을 사 먹고, 7살 아이들이 그렸다는 벽화 앞에서 기념사진을 찍는 것으로 소소한 추억을 추가했다.

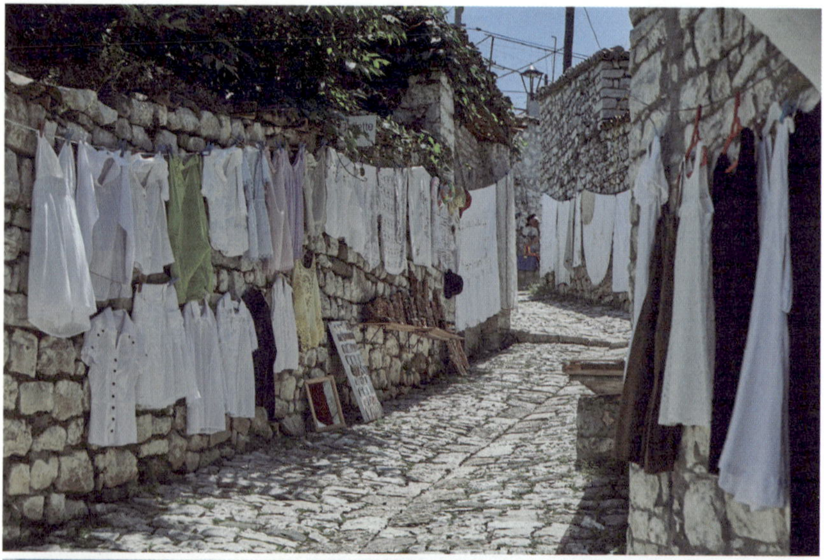

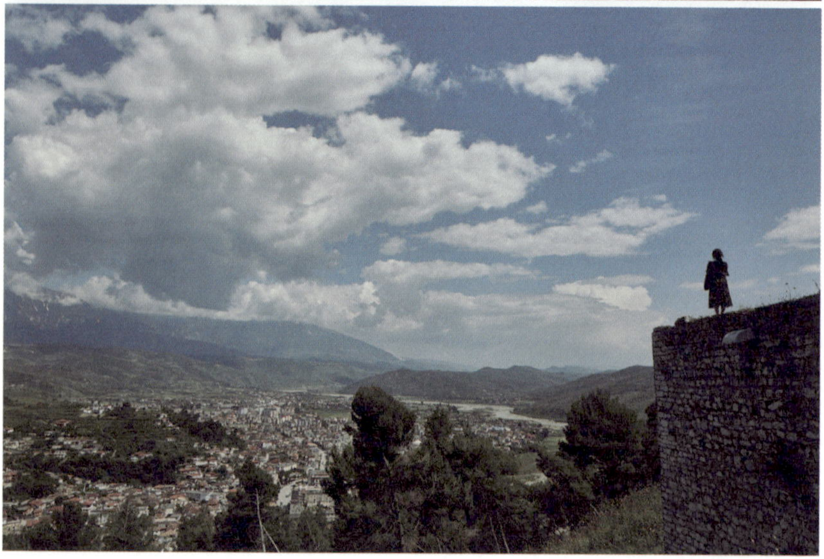

완벽했던 하오의 정경

두러스에서 차로 1시간 40분가량 길을 죄어 당도한 유네스코 세계문화유산 등재 도시 베라트Berat. 티라나를 기준 삼으면 남쪽으로 약 100km(두러스를 거치면 약 120km) 지점이다. 도시의 기원은 2,400여 년 전 축조된 베라트성('칼라'로 불린다)에서 출발한다. 성안에는 지금도 100여 명의 주민들이 거주하는데, 주거 공간을 비롯한 대개의 건물들이 13세기에 건립됐다. 베라트도 예외 없이 오스만제국, 그러니까 이슬람 제국의 지배를 당했지만 그리스정교회의 전통은 압살되지 않아 점령 이전의 생활양식과 전통이 보존돼 있다. 하이라이트는 비잔틴양식의 세인트마리성당으로 베라트에 잔존한 가톨릭 유물을 보듬고 있다. 성당 내부 박물관의 명패는 16세기 알바니아의 저명한 화가 오누프리에게서 가져왔다. 그는 당시에는 잘 볼 수 없었던 화려한 색상을 과감히 도입해 큰 주목을 받았다.

밖으로 나오니 마을 태생으로 성 안쪽에 살림집을 두고 있는 61살의 경비원 치치 씨가 담뱃불을 붙이고 있었다. 머리는 하얗게 샜고 배는 불뚝했다. 가이드의 도움이 없었다면 머리카락 한 올만큼의 소통도 불가했겠지만 어쨌든 그의 유순한 인상이 오누프리의 강렬한 그림보다 더 귀중했다. 6년째 성당과 박물관을 지키고 있는, 수십 미터에 불과한 집과 직장

사이를 매일같이 오가는, 때로는 밍밍하고 때로는 적적하고 때로는 분주할 그의 일상을 머릿속으로 그려보았다. 혹여 베라트에 다시 오게 되면 치치 아저씨의 집에서 하룻밤 묵을 수 있지 않을까 하는, 집주인도 모르는 '김칫국 상상'마저 슬쩍 해보았다.

베라트 성곽 안을 구석구석 소요했다. 박석이 깔린 좁다란 골목길, 야트막한 담장 위에서 오수를 즐기는 고양이, 긴 세월 비바람에 쓸린 담벼락, 화초에 관한 한 까막눈이어서 통 성명하기가 불가능한 들꽃, 붉은 기와를 이고 있는 성당, 지형을 살펴가며 마을을 휘돌아 흐르는 강, 강 주변에 빼곡하게 들어찬 집들까지. 눈으로 어루만진 모든 풍경이 고분고분했고 마음에 감겨들었다. 더 이상의 운행은 무리인 듯한 낡은 자동차는 보닛과 앞 좌석의 문을 모두 열어놓은 채 깊은 잠에 빠져 있었고, 관광객의 호출을 기다리는 하얀 린넨 제품들은 담장에 몸을 밀착한 채 꾸벅꾸벅 졸고 있었으며, 고운 빛깔의 과일들을 늘어놓은 젊은 행상은 무료한 시간을 달래고 있었다. 웨딩드레스를 입은 세 여인은 결혼 화보를 촬영 중인 것으로 보였다. 여인들의 자태도, 자연의 맵시도 모두 우아했다.

베라트성 인근의 타베르나(자그마한 음식점) 라자로*Lazaro*에서 점심을 먹었다. 알바니아 스타일의 슈니첼, 포도잎으로 감싸서 찐 밥, 잘게 부순 페퍼민트 빵과 함께 나온 양고기 등

을 음미했다. 알바니아 맥주와 와인이 곁을 지켰고, 대미는 늘 그렇듯 잘 여문 체리가 장식했다. 부른 배를 움켜쥐고 성 아랫마을로 내려와 다리를 건너, 쾌활한 조망을 보유한 바 겸 레스토랑으로 갔다. 야외 테이블에 앉아 커피를 마시며 강 건너편을 바라보니 '1,000개의 창을 가진 도시'라는 별칭이 실감났다. 산을 등진 채 층층이 들어선 하얀 벽의 집들이 강을 향해 수많은 사각 창을 낸 것이다. 대학생 가이드 베이치 씨는 "창문을 모두 합치면 1,001개"라고 했는데, 하나하나 세어 볼 수도 없으니 그냥 믿기로 했다. 전망 좋은 테라스, 달달한 커피, 티끌 하나 없는 하늘, 폭포수처럼 내리붓는 봄볕, 인위와 자연이 결합한 탁월한 풍광, 권태의 쾌감…. 이제 그만 자리를 떠야 하는데 모든 것이 완벽한 오후의 정경으로부터 도무지 발을 뺄 수가 없었다. 결국 다음 일정을 취소하고 좀 더 눌러앉기로 했다. 왠지 강 저편에서 '1,000개의 눈'이 싱긋 웃고 있는 것처럼 느껴졌다.

Tour Plus

알바니아는 발칸반도 서부의 공화국이다. 북쪽부터 시계 방향으로 몬테네그로, 코소보, 마케도니아, 그리스 등과 국경을 맞대고 있다. 서쪽에는 아드리아해가 상시 대기한다. 알바니아를 여행하기 제일 좋은 시기는 4~5월과 9~10월. 알바니아 음식은 코소보 음식과 비슷하다. 이슬람 국가지만 기독교인이 상대적으로 많아(전체 인구의 30% 이상) 돼지고기 요리를 어렵지 않게 접할 수 있다. 티라나의 뮬리지우(www.mullixhiu.al)는 작은 농장들로부터 최상의 재료를 구입해 폭넓은 알바니아 전통 음식을 낸다. 베라트 성 입구에서 가까운 라자로는 캐주얼한 분위기 속에서 수프, 샐러드, 감자, 양고기, 꼬치구이 등을 맛볼 수 있다. 마크 알바니아 호텔(www.makalbania.com)은 티라나 중심가에서 벗어난 덕에 주위 환경이 조용하다. 도시에서 가장 좋은 시설을 갖춘 호텔 중 하나로 평가받는다.

— 143

날이 흐려도 가려지지 않는 것

—

세이셸 마헤 & 라디그 & 프랄린

115개의 섬으로 이뤄진 인도양의 섬나라 세이셸에서 마헤 *Mahe*, 라디그*La Digue*, 프랄린*Praslin* 등 3개의 섬을 살피고 돌아왔다. 마헤 섬에 숙소를 두고 나머지 2개 섬을 오가는 일정이었다. 처음 가본 나라, 짧은 여정. 조력자의 역할이 중요할 수밖에 없었는데, 젊고 영민한 택시 기사 말론 파나가리*Marlon Panagary* 씨와 동행한 건 크나큰 행운이었다.

세이셸에서 만난 첫 번째 택시 기사는 나이가 지긋한, 언뜻 봐도 경력이 상당한 인물이었다. 소박한 2층짜리 건물인 마헤국제공항에서 첫날 숙소인 카라나 비치 호텔*Carana Beach*

*Hotel*까지 데려다줬다. 그는 붐비는 도로 위를 요령껏 달리며 라디오 국회방송에 집중했다. 라디오를 통해 흘러나오는 목소리는 다급했으며, 목소리와 목소리가 부딪는 소리가 날카로웠다. 알아들을 수 없어 무슨 내용인지 물었더니 "새해 예산안을 놓고 격론을 벌이는 중"이라고 했다. 알아들을 수 없었던 것은 라디오 속 인물들의 언어가 크레올Creole어였기 때문이다. 관광청을 통해 미리 받은 정보에는 크레올어가 프랑스인들이 아프리카 노예들과의 소통을 위해 간소화한 언어라고 적혀 있었다. 사실 서인도제도에 정착한 유럽인의 후손 혹은 유럽인과 흑인의 혼혈을 뜻하는 크레올은 인종, 언어, 음식, 음악 등 세이셸 전반에 걸친 '혼성 문화'를 상징하는 단어다. 1498년부터 프랑스인이 정착해 살았고, 오랜 기간 영국의 지배를 받았던 탓에 프랑스어와 영어도 통용된다. 밀리는 도로에서 주저 없이 핸들을 꺾어 옆길로 빠진 노회한 기사는 "아무래도 크레올이 가장 대중적인 언어"라며 "세이셸 속에 영국과 프랑스가 조화를 잘 이루고 있다"고 덧붙였다.

'힘센' 바위들이 지키는 해변

세이셸의 올망졸망한 섬들 가운데 마헤, 라디그, 프랄린이 '삼대장'으로 일컬어진다. 가장 큰 섬이자 수도 빅토리아

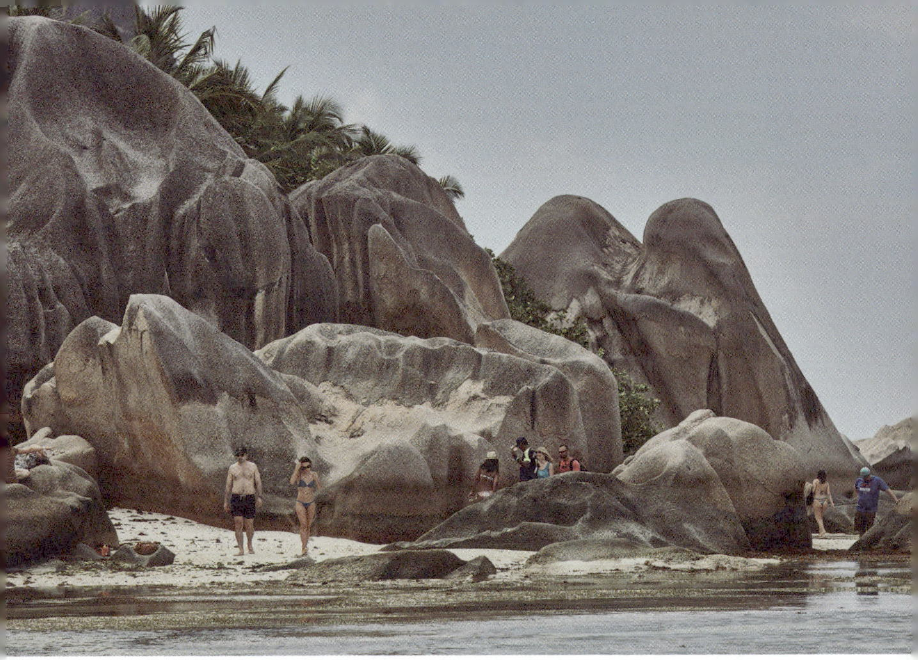

Bamboo chalets
WiFi Internet

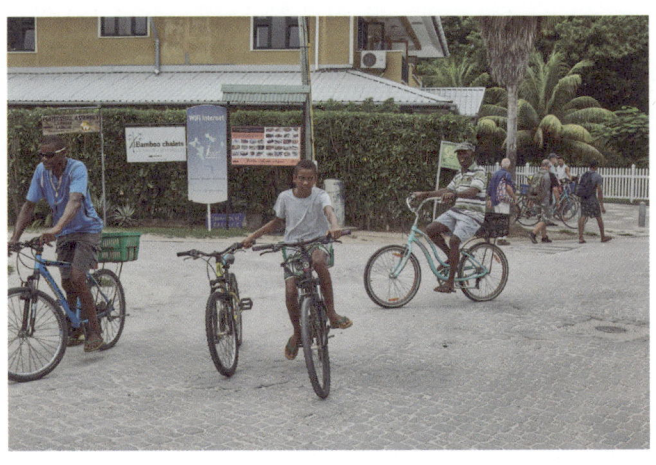

*Victoria*를 품고 있는 마헤를 본격적으로 흡수하기 전, 이웃 섬인 라디그로 건너갔다. 라디그는 명백한 자전거의 섬이었다. 주민과 관광객 대부분이 두 바퀴에 의지했다. 한 손을 놓고 달리며 옆 자전거의 친구와 수다 떠는 아이들은 물론이고 혼자서 자전거 3대를 모는 심드렁한 낯빛의 아저씨도 눈에 띄었다. 선착장 부근의 여행정보센터에서 연방 손부채를 해대는 직원이 알려준 정보는 단호하고 단순하고 명료했다. "자전거를 타고 앙스 수스 다정*Anse Source d'Ardent* 해변으로 가라." 곧장 대여점에서 자전거를 빌려 해변 쪽으로 방향을 잡았다.

그런데, 무거운 카메라 가방을 어깨에 메고 사진을 찍어야만 하는 처지에서 자전거 여행은 불편할 수밖에 없었다. 게다가 오래 써서 낡은 안장은 딱딱하고 브레이크는 뻑뻑했다. 결국 주행 5분 만에 돌아와 자전거를 반납하고 늘쩡늘쩡 걸었다. 자전거에서 보는 풍경도 물론 좋았지만 속도가 줄어들자 섬의 나른한 일상이 눈에 더 잘 들어왔다. 자유로운 두 손이 주는 심리적 안정감도 한몫했다. 줄무늬 티셔츠를 입은 사내는 길가에 좌판을 차리고 열대의 과일과 채소를 팔았다. 그 앞에서 2명의 아낙이 신중하게 지갑을 열었다. 3명의 인부들은 신축 건물의 지붕 공사를 감당하고 있었다. 부부로 보이는 두 중년은 아트 스튜디오라는 간판을 내건 건물 앞에 막 자전거를 세운 참이었다. 프라이빗 해변임을 강조하는 어느 리조트의 'Hotel Guest Only'라는 팻말이 작지만 완강해 보였다. 토요일 오전, 초록 지붕과 노란 외벽의 성당에서는 성가가 뭉근하게 울려 퍼졌다.

앙스 수스 다정에 닿으려면 입장료 100세이셸루피(한화 약 8,400원)를 내고 유니언 이스테이트*Union Estate*를 지나야 했다. 몇 가지 볼거리를 지닌 유니언 이스테이트에서 사람들의 이목을 휘어잡은 건 단연 알다브라 자이언트 육지 거북이었다. 다 자라면 몸무게가 300kg이 넘고 수명이 무려 100년에서 300년에 달한다는 이 거북은 멸종 위기 동물로 지정돼 있다. 그 사실을 아는지 모르는지 거북들은 주말의 낮잠이나 잘 마르고 있는 빨래처럼 한가로워 보였다. 관광객이 주는 먹이를 덥석 물거나 얕은 물에 아랫도리를 담근 채 두 눈을 껌뻑거렸다. 한쪽에는 해독 불가능한 괴성을 내며 교접 중인 한 쌍의 거북도 있었다.

라디그의 알파이자 오메가인 앙스 수스 다정 해변에 섰다. 썰물 때인지 수심이 얕았다. 수십 미터를 걸어도 물이 성인 남자의 허리께에서 찰랑거렸다. 바다는 속내를 내비칠 만큼 투명했고, 한 가지 색으로 형용할 수 없을 만큼 다채로웠다. 하지만 세이셸 해변을 전 세계에서도 손꼽히는 지위에 올려놓은 것은 물빛이 아니라 화강암이다. 집채같이 큰 화강석들이 해변 곳곳에 놓여 있었다. 그동안 이집트, 페루 마추픽

추, 멕시코 테오티우아칸, 미국 유타 등을 싸돌아다니며 거석 문화와 '슈퍼 사이즈' 암석들이 만들어낸 그림에 옴짝달싹 못한 적이 있었지만 이처럼 해변에 거창한 돌무더기가 놓인 경우는 생경했다. 세이셸관광청에서 '태초의 풍경'이라며 자랑할 만했다. 한데, 두 가지가 안타까웠다. 미리 정해진 일정에 쫓겨 이 명미한 해변과 곧 이별해야 한다는 점 그리고 날씨가 점점 더 좋아지고 있다는 사실이었다. 날씨가 화창해진다는 것은 다음 일정, 즉 프랄린 섬에서 더 좋은 날씨를 맞이할 수 있다는 것을 의미했다. 그걸로 위안을 삼았다.

5월의 계곡에서 만난 바다의 코코넛

라디그를 출발한 페리는 약 15분 후 프랄린에 닻을 내렸다. 관광청 직원 주니아 주버트 *Junia Joubert* 씨와 그녀의 아들 가엘이 마중을 나왔다. 프랄린 태생의 그녀는 자신이 10살 때도 있었다는, 자신이 생각하는 최고의 레스토랑부터 안내했다. 섬 북서쪽 앙스 라지오 *Anse Lazio* 해변의, 멀끔한 전망을 부착한 식당이었다. 주문한 음식이 나오기 전 맥주로 목을 축였다. 세이셸에는 세이브루 *Seybrew*와 에쿠 *Eku*라는 두 가지 맥주가 있는데, 매번 내 선택을 받은 쪽은 세이브루였다. 에쿠보다 맛이 조금 더 진했다. 오늘의 메뉴인 문어카레를 시작으로 역시 카레와 코코넛밀크에 버무린 크랩, 갈릭버터를 바른 새우구이 그리고 해산물파스타 등이 속속 테이블에 등장했다. 주버트 씨는 문어카레가 너무 맵다며 연이어 입술을 훔쳤지만 매운맛에 이력이 난 한국인에게는 만만했다. 크레올 음식은 우리에게도 잘 맞는다. 카레를 비롯해 고추, 후추, 생강, 마늘 등을 잘 쓰기 때문이다. 쌀을 주식으로 하며 생선 요리를 즐긴다는 점도 친숙하다. 빵나무*Breadfruit*, 카사바, 고구마 등이 쌀을 대신하기도 하는데 굽고, 튀기고, 찌고, 볶는 등 여러 방식으로 조리할 수 있는 빵나무 열매가 효자 식재료다. 빵나무를 먹으면 세이셸로 다시 돌아오게 된다는 속설도 내려온다.

앙스 수스 다정이 라디그를 찾는 목적이라면 프랄린이 준비한 최고의 흡인력은 발레 드 메이*Vallee de Mai*다. 우리말로 풀면 5월의 계곡. 유네스코 지정 세계자연문화유산이자 국립공원인 발레 드 메이에는 6,000여 그루의 코코 드 메르 *Coco de Mer*(바다의 코코넛) 나무가 군락을 이루고 있다. 오직 세이셸에서만 서식하는 것으로 알려진 코코 드 메르는 세계에서 가장 무거운 열매로 기네스북에 등재돼 있다. 믿기지 않지만 25kg에 육박한다. 모양 또한 범상치 않다. 수나무 열매는 남자 생식기관을, 암나무 열매는 여자 엉덩이를 닮았다. 그래서 '세상에서 가장 섹시한 열매'라는 별칭이 붙었다. 그렇다고

열매만 쳐다볼 일은 아니다. 1억5,000만 년 전부터 실존했다는, 나무의 높이가 24~35m에 달하는 원시림의 위용도 대단하다. 숲의 최초 발견자인 영국의 고든 장군은 지상낙원 에덴동산이 바로 이곳이 아닐까 하고 생각했단다. 국립공원에는 코코 드 메르 이외에 여섯 가지의 다른 야자수가 상존하며, 다양한 조류와 파충류도 발견할 수 있다.

발레 드 메이 정상까지 다녀오려면 3시간 30분가량 걸리는데, 마헤로 돌아가는 배 시간을 맞추기 위해 중간쯤에서 산책을 종료하고 출입구로 되돌아왔다. 미진함은 섬 선착장 매점에서 60세이셸루피(한화 약 5,000원)를 지불한 맥주 한 병으로 달랬다. 바닷길을 1시간여 달려 마헤의 인터 아일랜드 부두에 내리니 이날 아침 안면을 튼 택시 기사가 대기 중이었다. 그의 이름은 말론 파나가리. 아버지도 형도 택시를 운전하는 이른바 교통 가족이다. 그에 따르면 세이셸에는 개인택시밖에 없다. 저녁 8시 이후 버스가 끊겨 관광객에게 택시는 마헤 섬에서 가장 유용하고 실질적인 교통수단이다. 참고로 마헤에는 단 3개의 신호등이 설비돼 있다. 실적과 평가가 좋은 개인택시 기사 중에는 파나가리 씨처럼 관광청과 계약을 맺고 일하기도 한다. 바지런하고 해박한 그는 마헤에 체류하는 동안 우리 일행의 성실한 눈과 귀가 되어주었다. 덕분에 짧은 기간이었지만 세이셸의 속살에 한발 더 다가설 수 있었다.

　세이셸은 아직까지 유럽인들이 방문객의 대다수를 차지하는데, 그중에는 영국의 윌리엄 왕세자와 데이비드 베컴 부부 같은 화제의 인물들도 있다. 베컴 부부는 파나가리 씨와도 인연이 있다. 그의 아내가 여행사에 근무할 당시 베컴 부부의 예약을 맡아 처리했다. 외부에 알려지는 것을 꺼려 해 매번 성姓을 바꿔 리조트 등을 예약했다고 한다. 당연한 말이겠지만 파나가리 씨의 조국에 대한 자부심은 은근하면서도 명확했다. "언젠가 모리셔스가 최고의 여행지라는 광고를 본 적이 있어요. 이런 말이 좀 그렇지만 세이셸 해변이 한 수 위죠. 프라이버시 보장만 해도 차이가 납니다. 세이셸의 인구는 고작 9만3,000여 명인데 모리셔스는 400만 명이나 되거든요."

'무진장' 바다의 양면성

　세이셸 인구 중 90% 가까이가 거주하는 마헤 섬 투어에 나섰다. 빅토리아에서 서쪽으로 약 5km 떨어진 보 발롱*Beau Vallon* 해변. 물살이 잔잔하고 보드라운 모래사장을 갖춰 물놀이에 적합하다. 몸집이 작은 나라의 수도답게 빅토리아의 체격도 자그마하다. 걸어서 반나절이면 살뜰하게 살필 수 있다. 도시의 상징물 시계탑*Victoria Clocktower*도 귀염성스럽다. 번화한 거리 교차로에 5m 높이로 세워졌다. 영국 런던의 걸물인 빅벤을 본떴기에 '스몰벤'으로 통한다. 이름표에서 눈치챘겠지만 영국 빅토리아 여왕을 기리기 위해 지난 1903년에 제작됐다. 늘 그렇듯 전통시장에도 가봤다. 1840년에 첫발을 뗀 셀윈 클라크 마켓Selwyn Clarke Market. 생각보다 크고 생선, 향신료, 과일, 채소 등이 빚어내는 총천연색이 난연했다. 시간만 승낙한다면 시장 2층의 허름한 식당에 앉아 수더분한 현지 음식을 청하고 싶었다.

마헤에서 가장 중후한 구성원은 섬 중앙부의 몬 세이셸루아Morne Seychellois로 해발 905m에 달한다. 산 중턱에는 규모가 크지 않은 녹차밭이, 조금 더 위쪽에는 차 제조 공장이 있다. 얼마간의 돈을 내면 생산 과정을 참관할 수 있지만 중뿔나지는 않다. 공장 옆 가게에서는 바닐라나 레몬 등이 가미된 여섯 종류의 차를 구입할 수 있다. 다시 파나가리 씨의 말을 빌려보자. "수출 물량 감소로 예전만큼 다량의 차를 생산하지 않지만 품질 하나만큼은 여전히 나무랄 데 없습니다." 차 공장을 뒤에 두고 택시에 올라 완만한 속도로 내려오는데, 산 중턱 도로변에서 세차하는 사람들이 보였다. 그들이 차에 끼얹는 물은 몬 세이셸루아가 흘려보낸 청정 약수였다. 사실 세차를 해선 안 되는데 그냥 모른 척했다. 파나가리 씨는 그 약수를 'Breaking Teeth'라고 지칭했다. 물이 너무 차가워 이

가 시리다는 것이다. 실제로 마셔보니 이가 깨질 것 같지는 않았다. 파나가리 씨는 또 "세상에서 가장 깨끗한 공짜 물"이라며 으쓱거렸다.

실질적인 세이셸 출장 마지막 날 오후, 첫날 묵었던 숙소가 있는 카라나 비치를 향해 다시 길을 잡았다. 목적지에 거의 다다를 무렵, 파나가리 씨가 갑자기 차를 세웠다. 예닐곱의 사내들이 길 건너편에서 붉고 푸른 생선들을 내놓고 손님들을 기다리고 있었다. 물건들은 첫눈에도 싱둥싱둥해 보였는데, 그들은 그다지 장사에 적극적이지 않았다. 이들은 오전에 배를 몰고 근해로 나가 물고기를 잡고, 오후 3~5시 사이에 생선 좌판을 차린다. 일반적으로 오전 9시까지 출근하고 오후 4시에 퇴근하는 세이셸 사람들의 라이프스타일에 맞춘 것이다. 일반 상점들도 4시부터 철수를 서두른다. '거리의 어부들'이 올리는 수입은 쏠쏠하다. 그런데, 가진 돈이 별로 없단다. 버는 족족 술 마시는 데 탕진해서다. 쉽게 벌어 쉽게 쓰는 셈이다. 세이셸의 바다는 무한정의 생선을 공급하는 화수분이지만 그들의 나태함을 방조하는 존재이기도 하다. 의도하진 않았겠지만.

어부들 곁을 떠나 카라나 비치가 내려다보이는 곳에서 잠시 경치를 감상한 다음, 계속 노스 코스트 로드를 따라 마지막 숙소인 피셔맨스 코브*Fisherman's Cove*로 차츰차츰 접근

했다. 가는 도중 다소 낡아 보이는 리조트의 해변 바에 앉아 한갓진 시간을 보냈다. 역시 세이브루를 마시며 저녁노을을 하마하마 기다렸다. 기대와 달리 비를 한껏 머금은 구름이 무거워 보였고, 바람은 점차 거세졌다. 야멸찬 석양은 끝끝내 기침하지 않았다. 그래도 사람들은 아랑곳하지 않았다. 자신들의 방식대로 해변과 바다를 품에 안았다. 호텔에 도착해 체크인을 하고 저녁을 먹으러 방을 나서는데 굵은 비가 듣기 시작했다. 비 내리는 밤바다를 물끄러미 바라보며 해산물 뷔페와 화이트 와인으로 호사를 누렸다. 다음 날 아침, 비는 그쳤지만 바람은 여전히 억셌다. 체크아웃 전 잠시 호텔 주변을 거닐었다. 턱없이 짧은 스케줄. 그나마도 우기라 하늘이 흐린 적이 많았지만 그런 '악조건' 속에서도 세이셸의 풍모는 마모되지 않았다. 그러니 경쾌한 날씨와 넉넉한 일정의 도움까지 받는다면 더 말해 무엇할까. 다시 가야 할 강력한 이유를 남긴 채 비행기 트랩에 올랐다.

Tour Plus

페리를 이용하면 마헤에서 프랄린까지 약 1시간, 프랄린에서 라디그까지 약 15분이 걸린다. 마헤에서 라디그를 가려면 프랄린에서 배를 갈아타야 한다. 차를 렌트하지 않은 자유 여행객에게는 택시 관광이 편리하다. 반나절이나 종일 혹은 시간을 별도로 정하고 함께 움직일 수 있다. 카라나 비치 호텔(www.caranabeach.com)은 동명의 해변에 면해 있다. 전망 좋은 객실 테라스에는 앙증맞은 수영장이 딸려 있다. 비즈니스호텔인 에덴 블루(www.edenbleu.com)는 시설이 럭셔리하다. 호텔이 있는 에덴 섬은 인공적으로 조성됐다. 세이셸의 116번째 섬으로 불린다. 콘스탄스 에필리아(www.constancehotels.com)는 굉장히 큰 부지에 들어선 세이셸 최고의 리조트다. 단지 곳곳에 셔틀 정류장이 있다. 주니어 스위트, 시니어 스위트, 힐사이드 빌라 등의 객실을 갖추고 있다. 5개의 레스토랑이 투숙객들의 입맛을 책임진다. 피셔맨스 코브(www.fishermanscove-resort.com)의 객실은 크게 오션 뷰와 가든 뷰로 나뉜다. 2개의 레스토랑과 2개의 바가 있다.

3부

예술의 풍경

건축으로 혁신하다

―

스페인 발렌시아

미래의 어느 공간에 불시착한 것이 아닐까. 일찍이 본 적 없는 독창한 건물들이 감탄과 찬탄을 연거푸 이끌어낸다. 혁신적이면서 예술적 품위까지 장착한 건물들은 보는 각도에 따라 모습을 달리하고, 그 각각의 차림차림은 차원이 다른 '미적 충격'을 안겨준다. 스페인 발렌시아*Valencia*의 '예술과 과학의 도시' 이야기다.

연간 2,000만 명 이상의 관광객을 불러들이는 바르셀로나*Barcelona*의 가장 큰 흡입력은 건축물에 있다. 불세출의 건축가 안토니오 가우디*Antonio Gaudi*가 자신의 영감을 집약시

킨 카사 밀라, 구엘 공원, 사그라다 파밀리아 등은 도시의 으뜸가는 볼거리이자 바르셀로나 최고의 자산이다. 가우디에게 바쳐진 "바르셀로나를 조각했다"라는 헌사는 조금도 부풀려진 것이 아니다.

도시의 '컬러'를 바꾼 건축가

바르셀로나의 얼굴을 바꾼 인물이 가우디라면 발렌시아에 미래 감각을 새겨 넣은 또 다른 건축의 대가가 바로 산티아고 칼라트라바Santiago Calatrava다. '건축계의 모차르트'로 불리며 여전히 왕성한 활동을 펼치고 있는 칼라트라바는 발렌시아 태생이다. 고향에서 미술과 건축학을 공부한 그는 스위스로 건너가 토목공학에 매달렸다. 자신의 이상을 구체화하기 위해서는 예술적 감각 이외에 구조적인 지식이 필요하다는 확고한 믿음 때문이었다. "나는 내가 구상하는 모든 건축물을 지을 수 있다"는 칼라트라바의 호기로운 발언도 예술과 공학 양쪽을 골고루 섭취한 자신감에서 기인한다. 실제 그의 작품들은 공학자와 건축가 모두에게 우러름을 받는다. 칼라트라바의 미국 데뷔작이자 지난 2001년 〈TIME〉지에 의해 '올해 최고의 디자인'으로 선정된 밀워키 미술관은 새의 날개 같은 지붕의 차양 구조물이 압권이다.

2,000년의 역사가 숨 쉬는 발렌시아는 물려받은 도시이자 고쳐 지은 도시다. 구시가지의 유적들과 한 세기를 훌쩍 넘긴 건물들이 발렌시아의 과거를 함축한다면, 투리아 강변에 들어선 예술과 과학의 도시는 뉴 발렌시아를 웅변한다. 예술과 과학의 도시는 투리아강 유역 개발에서 연원한다. 언젠가부터 강의 수량이 현격하게 줄어들자 1991년 자치 정부가 대대적인 정비 사업을 추진한 것이다. 10km에 이르는 유역에 대규모 공원이 조성됐고 식물원과 박물관도 들어섰다. 1996년에는 예술과 과학의 도시 재단이 설립됐으며 곧바로 본격 공사에 돌입했다. 칼라트라바는 마드리드 출신의 건축가이자 구조공학자인 펠릭스 칸델라Felix Candela와 힘을 합쳐 예술과 과학의 도시 설립을 거침없이 지휘했다. 그리고 역량을 총동원해 기어이 자신의 고향에 파격적인 랜드마크를 축조했다.

　　예술과 과학의 도시가 세상의 빛을 보면서 유럽의 크루즈들이 발렌시아를 기항지로 선택하는 등 관광객 유입이 늘어났다. 호텔을 비롯한 서비스산업이 활기를 띠고 지역 경제도 상승기류를 탔다. 예술과 과학의 도시는 발렌시아의 예술적 품격을 높였을 뿐만 아니라 일자리 창출과 관광 수입 증대라는 경제적 도약도 견인해 냈다. 발렌시아는 예술과 과학의 도시 생성 이후 전혀 새로운 '악장'을 연주하고 있다.

예술과 과학의 도시에는 이름처럼 과학과 기술과 음악과 디자인이 망라돼 있다. 2005년에 문을 연 레이나 소피아 예술 궁전은 오페라, 발레, 연극, 콘서트 등의 공연이 가능한 초현대식 공연장이다. 아이맥스 영화관이 있는 레미스페릭은 국제회의장과 천문관으로 활용된다. 길이 241m, 폭 104m의 프린시페 펠리페는 과학박물관이다. 박물관은 눈으로 보는 것에만 자족하지 않고 관람객이 전시물을 직접 체험할 수 있도록 한 운영 전략 측면에서도 호평을 얻고 있다. 박물관 옆의, 긴 터널 형태의 수족관이 바닷속 장관을 재현하는 아쿠아리움도 사람들의 발걸음이 잦은 곳이다. 사실 관광객에게는 건물의 용도보다 디자인이 즉각적으로 다가온다. 호주 시드니 오페라하우스처럼 순백의 타일을 두르고 있어 지중해의 강성한 햇살을 남김없이 되쏘는 레이나 소피아 예술 궁전은 어느 지점에서 바라보느냐에 따라 모습이 상이하다. 고독한 중세 기사의 투구처럼 보이기도 하고, 공상과학영화에 등장하는 우주선의 형상을 닮은 듯도 하며, 매끈한 몸통을 지닌 돌고래가 연상되기도 한다. 레미스페릭의 건축미 역시 뒷줄에 서지 않는다. 사람의 안구를 세심하게 표현한 듯 보이는 건물에서는 무당벌레의 모습이 겹치기도 한다.

꽃보다 화사한 시장

앞서도 언급했지만 발렌시아는 유서 깊은 도시다. 그리스가 처음 도시를 세웠고 이후 카르타고, 로마, 이슬람 세력 등이 번갈아가며 주인 노릇을 했다. 옛 시가지는 긴 세월을 버틴 도시의 명소들을 품고 있다. 아윤타미엔토 _Ayuntamiento_ 광장은 관광객들이 으레 발렌시아 여행의 출발점으로 삼는 곳이다. 광장 주변에는 시청사가, 중앙에는 대형 분수가 있다. 발렌시아 시민들의 휴식처로 각광받는 광장은 대형 축제가 열리면 옴나위할 수 없을 정도로 인파가 넘치는 공간이기도 하다. 1262년 첫 삽을 뜬 대성당 _Catedral de Valencia_ 은 200여 년의 공기가 들어간 탓에 로마네스크, 바로크, 고딕 등 세 가지 건축양식이 섞여 있다. 부속 미술관에서는 고야의 대작을 필두로 리베라와 리발타의 작품들과 조우하게 된다. 대성당 옆에는 팔각형의 미겔레테 _Miguelete_ 탑이 우뚝하다. 높이 68m. 207개에 이르는 나선형의 돌계단을 차근차근 밟아 옥상에 오르면 발렌시아 시가지가 후련하게 펼쳐진다. 탑 언저리에는 노천 시장이 선다. 스페인 특유의 발랄한 문양을 새긴 그릇과 도자기가 쇼핑 본능을 부추긴다.

대성당에서 도보로 5분 거리에 중앙시장이 있다. 주된 출입구가 있는 건물 정면 부분인 파사드와 돔 형태의 천장 그리고 교회의 스테인드글라스를 방불케 하는 유려한 창문 등

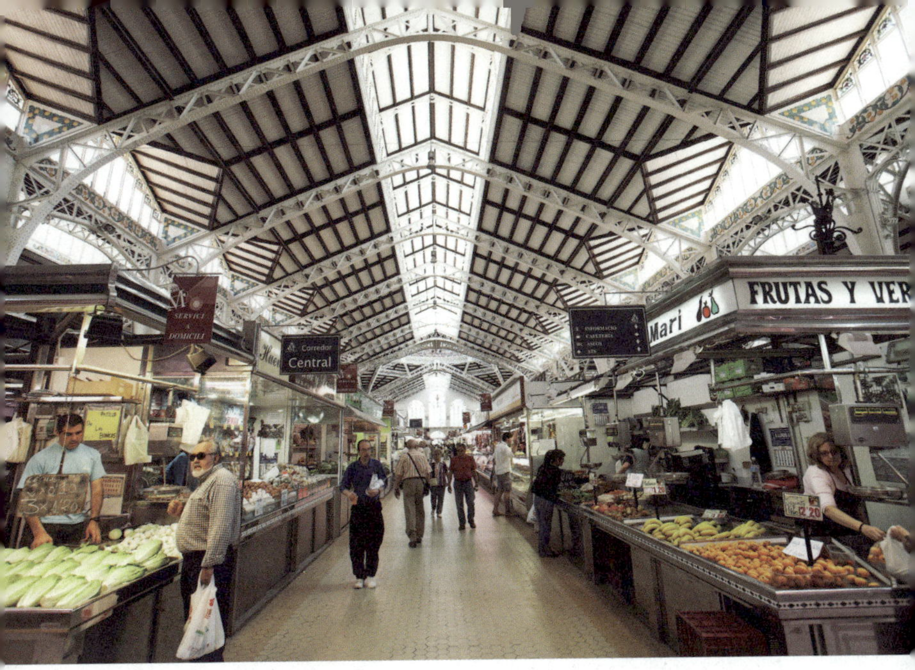
Corredor
Central
Mari
FRUTAS Y VER
SERVICI
A
DOMICILI

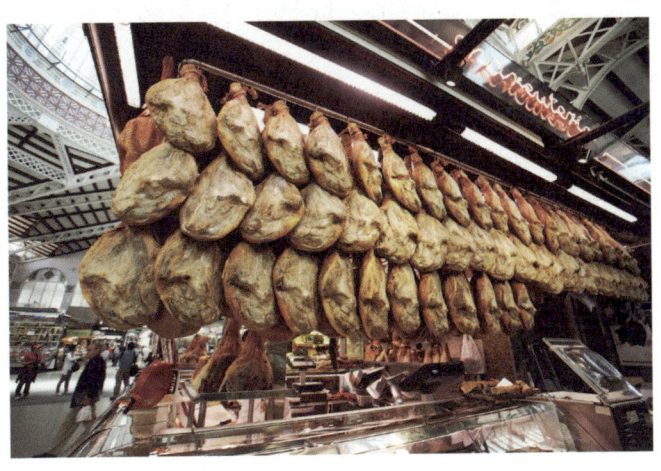

은 시장 건물이 얼마나 매력적일 수 있는지를 여실히 보여준다. 시장에는 100개가 넘는 점포들이 다닥다닥 붙어 있는데, 지중해 연안 도시답게 생선과 해산물이 풍성하다. 여러 색의 올리브는 시장을 컬러풀하게 꾸민다. 이탈리아, 그리스, 프랑스 프로방스 등 지중해에 인접한 나라 및 도시들과 마찬가지로 발렌시아 사람들의 올리브 사랑 역시 지대하다. 절인 올리브를 간식으로 먹기도 하고 거의 모든 음식에 올리브유를 사용한다.

발렌시아에서는 우리나라의 볶음밥과 비슷한 파에야 *Paella*를 꼭 맛보아야 한다. 파에야가 처음으로 생겨난 곳이기 때문이다. 발렌시아는 스페인에서도 쌀의 산지로 성가가 높은데, 수분과 양념을 잘 흡수하는 칼라스파라 쌀이 주도하는 파에야의 맛이 유달리 좋다. 파에야는 보통 노란색을 띤다. 꽃의 암술만 따서 말린 향신료 샤프란이 들어가기 때문이다. 파에야의 기원에 대해서는 몇 가지 설이 회자되는데, 그중 하나는 이른바 '잔반 유래설'이다. 8세기부터 15세기까지 스페인을 지배한 무어인들의 왕이 남긴 음식을 하인들이 집에 가져가기 위해 만든 음식이라는 것이다. 하지만 일반적으로 통용되는 내력은 따로 있다. 15~16세기에 들일을 하던 사람들이 양쪽에 손잡이가 달린 넓적한 냄비에다 현지에서 구하기 쉬운 쌀, 토끼고기, 잠두콩, 달팽이 등을 넣고 밥을 지어 먹은 데서 비롯됐다는 주장이다. 실상 파에야는 발렌시아어로 바닥이 얕고 둥근 모양을 한 프라이팬을 지칭한다. 파에야를 만들면 바닥에 밥이 눌어붙어 누룽지가 생긴다. 스페인 사람들은 이걸 '소카라트*Socarrat*'라고 부르는데, "소카라트가 없는 파에야는 파에야가 아니다"라고 말할 정도로 별미 대접을 받는다.

Tour Plus

예전부터 발렌시아의 인지도를 널리 퍼뜨린 수훈 갑은 불꽃 축제인 라스 파야스*Las Fallas*다. 크고 작은 축제가 연중 피고 지는 스페인에서도 3대 축제 범위에 든다. 매년 3월 15일 막이 오르는데, 축제는 1년 동안 만든 수백 개의 인형을 불태우는 마지막 날 밤 절정을 향해 치닫는다. 단, 인기투표에서 1등의 영예를 거머쥔 인형은 화형식을 치르지 않고 라스파야스박물관에 온전한 형태로 모셔진다. 박물관에 들면 기발한 형태와 익살맞은 모습의 인형들 때문에 절로 웃음이 난다.

새로운 지평의 디자인

네덜란드 로테르담

유로스타에 몸을 실었다. 영국과 유럽 대륙을 연결하는, 최단 거리의 수로 도버해협을 건너는 쾌속 열차. 런던 세인트판크라스역에서 발차하는 기차의 15번 코치 24번 좌석에 앉아 레드 와인과 화이트 와인을 번갈아 마셨다. 그렇게 3시간 15분을 흘려보냈더니 브뤼셀과 암스테르담을 거친 기차가 네덜란드 로테르담*Rotterdam*의 중앙역에서 시동을 껐다.

네덜란드 버금의 도시이자 유럽 최대의 무역항인 로테르담은 다시 만들어진 도시, 환골탈태의 도시, 상전벽해의 도시로 요약할 수 있다. 무슨 뜻인지 한발 더 들어가보자. 제2차

세계대전 발발 이듬해인 1940년, 6일간 이어진 독일 나치의 공습으로 로테르담은 거덜이 났다. 3만여 명의 사상자가 발생했고, 2만5,000여 채의 주택과 1만1,000여 개의 건물이 가뭇없이 사라졌다. 도시의 80%가 폐허로 변했으니 전후 복구는 복원이 아니라 창조에 가까웠다.

고정관념을 탈피하다

로테르담의 선택은 전복과 혁신, 복고로부터의 탈피였다. 주저앉은 성당을 다시 올리는 일만 빼면 과거의 형태로 회귀하지 않았다. 추상화가의 붓 터치처럼 거침없고 대담한 시도가 줄을 이었다. 그 결과 유례를 찾기 힘든 독창적이고 독보적인 건물들이 속속 부상했다. 새로운 지평의 디자인이었다. 몇 가지 예를 들어보자. 중앙역의 지붕은 상승감이 확연한 비대칭이다. 날렵하며 역동성이 활개를 친다. 보행자용 다리 위에 세운 주택 큐브 하우스*Cube House*는 마치 가오리연 수십 개를 이어붙인 것처럼 보인다. 집은 심지어 54도 기울어져 있다(물론, 실내는 그렇지 않다). 로테르담 인근의 작은 마을 스피케니세의 공공 도서관 북 마운틴*Book Mountain*에는 산 모양의 서가를 들여놓았다. 내가 묵었던 룸메이트 브루노*Room Mate Bruno*는 개성적인 호텔 이름만큼이나 허를 찌르는 색깔

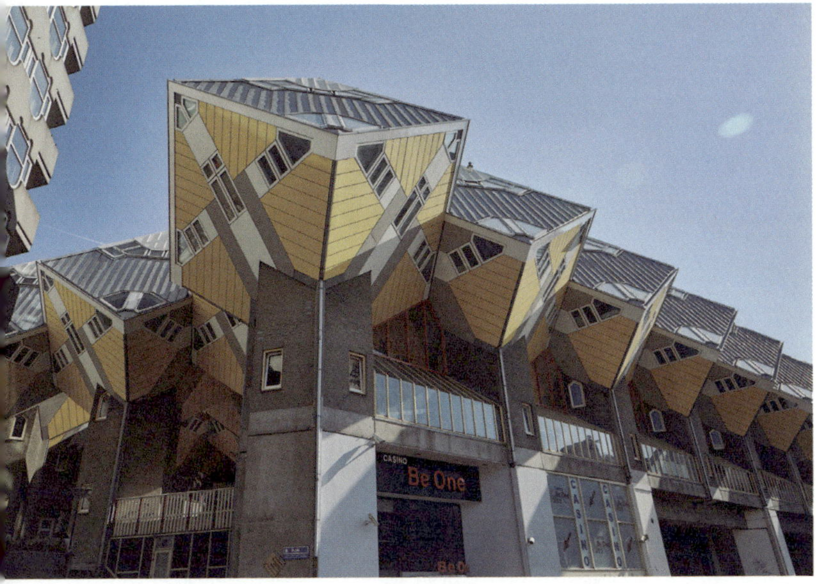

차용과 남다른 인테리어 감각으로 빛을 발한다.

로테르담 건축의 성찬 가운데 '4번 타자'는 초등학교 터에 지난 2014년 선보인 마켓홀Markthal이다. 96개의 상점과 228세대의 주거 공간이 할거하는 주상복합건물로 1~2층은 상가, 3~13층은 아파트다. 1,200대를 수용할 수 있는, 네덜란드에서 가장 큰 지하 주차장도 갖췄다. 찬찬히 뜯어볼 구석이 많고 다각도로 의미심장한 마켓홀은 건물 디자인부터가 탄성을 연발하게 한다. 전체적인 생김새는 말발굽 혹은 롤케이크를 닮았는데, 유리로 마감된 아치 형태의 건물 중앙이 뚫려 있다. 덕분에 실내에 있어도 개방감이 대단하다. 지역 화가들의 그림을 확대 프린트해서 붙인 '천장화'도 무척 화려하다.

마켓홀의 설계를 맡은 세계적인 건축 회사 MVRDV는 우리나라와도 인연이 있다. 서울역의 옛 고가차도를 변모시킨 서울로7017의 설계를 담당했다. MVRDV에는 한국인 건축가 이교석 씨가 있다. 그의 말을 빌리면 마켓홀은 도심공동화를 해결하기 위한 로테르담의 승부수이기도 하다. 시는 주거 공간 분양으로 재정을 확보하고, 훌쩍 뛴 부동산 가격으로 인해 교외로 떠난 중산층을 다시 끌어들이고자 했다. 실제로 마켓홀에는 외곽에서 도심으로 유턴한 60세 이상의 입주민이 많다. 지역 상인 및 자영업자들과의 공생에도 세심한 신경을 쓴다. 마켓홀 앞에서 매주 화요일과 토요일 네덜란드 최대 규

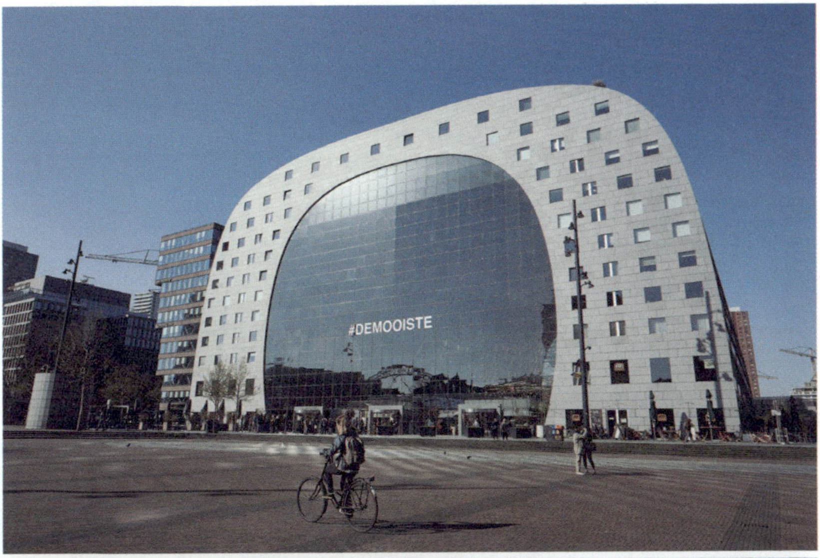
#DEMOOISTE

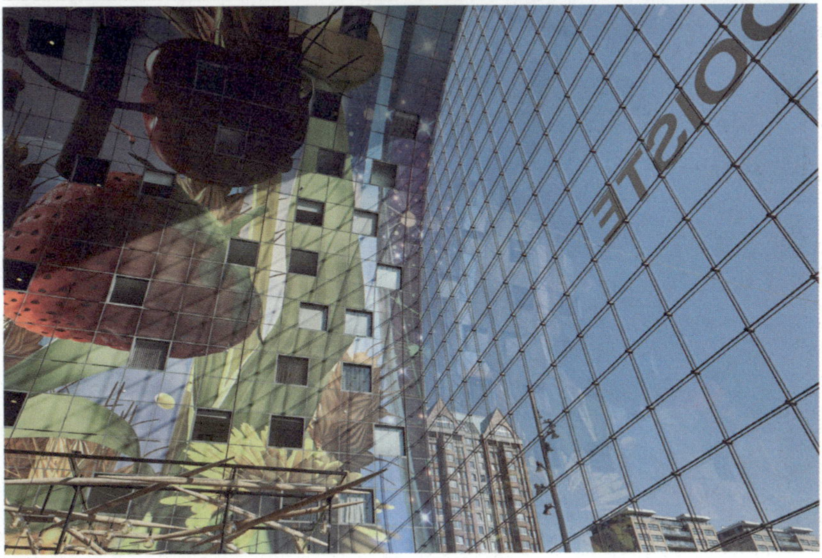

모의 오픈 마켓이 열리는데, 참여하는 상인들에게 지하 주차장을 무료로 제공하는 것이다.

이교석 씨를 만난 김에 로테르담의 건축 저력 및 세입자 보호 정책에 대해서도 들어봤다. 로테르담은 건축, 미관, 문화재, 도시계획 등으로 나뉜 심의 주체와 체계를 하나로 통합해 효율성을 극대화했다. 연간 8% 이상의 월세 인상이 불가능하도록 제도적 장치를 구축(기본적으로 임대인과 임차인 사이의 계약 기간이 없다), 젠트리피케이션 방지에도 힘을 기울인다고 한다. 로테르담 건축 투어를 경험해보니 왜 전 세계의 건축학도들이 가장 가보고 싶은 도시로 로테르담을 특정하는지 충분히 이해할 수 있었다. 마음에 새긴 짧지만 굵은 다짐. 이번에는 영국 요크, 네덜란드 로테르담, 독일 쾰른으로 이어지는 여정을 소화했지만 언젠가 로테르담만 집중 탐구하겠다는 것. 로테르담에는 '크리에이티브'라는 것이 차고 넘친다.

Tour Plus

―

로테르담의 룸메이트 브루노(www.room-matehotels.com)는 감각적인 스타일의 부티크 호텔이다. 예전에는 찻잎을 보관하는 창고였다. 옵 헷 닥(www.ophetdak.com)은 루프톱 레스토랑. 옥상 텃밭에서 키운 작물을 요리 재료로 쓴다. 단호박을 넣어 부친 김치전이 인상적이었다. 볼룸(www.ballroomrotterdam.nl)은 다양한 개성의 진을 만날 수 있는 레스토랑 겸 바이고, 드 마도로스 엔 헷 메이스제(www.dematroosenhetmeisje.nl)는 해산물과 육류 요리를 두루 취급하는 레스토랑이다.

예술과 풍경과 음식의 삼색 조화

―

이탈리아 마르케

이탈리아 중북부 동해안의 마르케Marche주는 우리에게는 퍽이나 생소하지만 현지인들에게는 휴양지로 확실히 인정받는 곳이다. 마르케에 아예 '세컨드 하우스'를 두고 있는 사람들도 많다. 자연이 넉넉하게 인심을 쓴, 바다와 산을 동시에 거느린 이 '숨은 휴양지'에는 예술과 음식도 풍족하게 깃들어 있다.

마르케에서 중요한 도시로 우르비노Urbino가 지목된다. 그림 애호가들에게는 성모화의 대가 라파엘로Raffaello의 고향이란 점이 솔깃하다. 라파엘로가 활동하던 16세기 초는 르네상스의 전성기로 불세출의 화가들이 대거 쏟아지던 시기였다. 레오나르도 다빈치를 비롯해 미켈란젤로와 티치아노 등이 자신들의 천재성을 유감없이 발휘했다. 묘한 점은 같은 시대를 호흡했던 라파엘로가 이들과 여러 방면에서 차이를 보였다는 것이다. 우선 성격이 사뭇 달랐다. 어딘가 신비롭고 고독했던 레오나르도나 미켈란젤로가 우리가 흔히 상정하는 천재 예술가의 면모를 지녔다면 라파엘로는 성품이 사근사근해서 어딜 가나 사람들과 잘 어울렸다. 활약한 분야도 상이했다. 레오나르도와 미켈란젤로가 미술을 넘어 조각과 건축 등에도 재능의 촉수를 뻗쳤다면 라파엘로는 회화에만 집중했다.

미남자의 집과 통치자의 궁

14세기에 지어진 라파엘로 생가에 들어섰다. 그가 생전에 사용하던 가구들이 그대로 놓여 있었고, 그가 태어난 것으로 보이는 방에는 성모와 아기 예수 그림이 걸려 있었다. 작은 안뜰과 우물의 존재는 라파엘로의 가정이 당시 꽤나 부유했음을 일러준다. 또 한쪽에 놓인 라파엘로의 흉상은 그가 상당한 미남이었음을 짐작하게 한다. 아니나 다를까 그는 '얼굴값'을 단단히 했던 모양이다. 많은 여인들을 사랑했는데, 전기

작가 조르조 바사리에 따르면 연애가 그를 죽음에 이르게 한 열병을 초래했다고 한다.

우르비노는 르네상스 시대에 활짝 꽃을 피운 도시다. 유럽 각지의 예술가들과 철학자들이 우르비노로 모여들었고, 이들이 물을 뿌려 가꾼 풍만한 문화가 유럽 전역으로 퍼져 나갔다. 특히 페데리코 다 몬테펠트로 *Federico da Montefeltro* 가 통치하던 시절(1444~1482년)이 우르비노의 최전성기였다. 몬테펠트로는 월등한 군사 전략가이자 계몽적인 지도자였다. 1444년 공작이 되고 난 후 저명한 사상가와 예술가들이 모이는 장소를 마련하고자 했는데, 그의 바람이 구체화된 것이 바로 우르비노의 중심축이자 제일의 관광자원인 두칼레궁 *Palazzo Ducale*이다. 비례와 균형의 미학으로 지어진 두칼레궁은 현재 미술관으로 이용되고 있다. 우르비노 태생의 라파엘로, 회화의 군주 티치아노, 몬테펠트로 부부의 초상화를 그린 피에로 델라 프란체스카, 원근법에 심취했던 파올로 우첼로 등의 '르네상스 컬렉션'을 만날 수 있다.

라파엘로 생가와 두칼레궁을 돌아보고 나니 점심 무렵이 됐다. 우르비노 리조트의 레스토랑에 자리를 잡으니 갓 구운 빵과 돼지 뒷다리를 염장한 후 바람에 말린 프로슈토가 식탁에 올랐다. 어깨 살과 삼겹살도 제공됐는데, 마닐마닐하고 짭짤해서 자꾸만 손이 갔다. 도톰한 파스타와 부들부들한 송

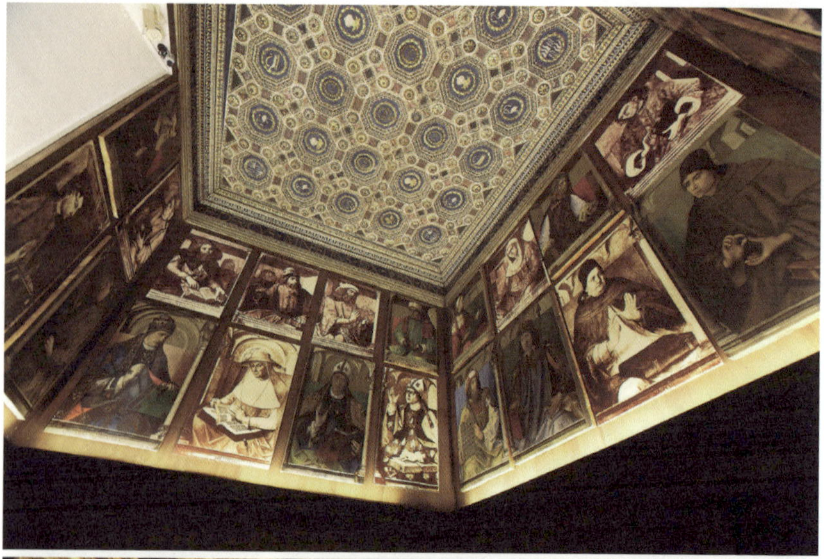

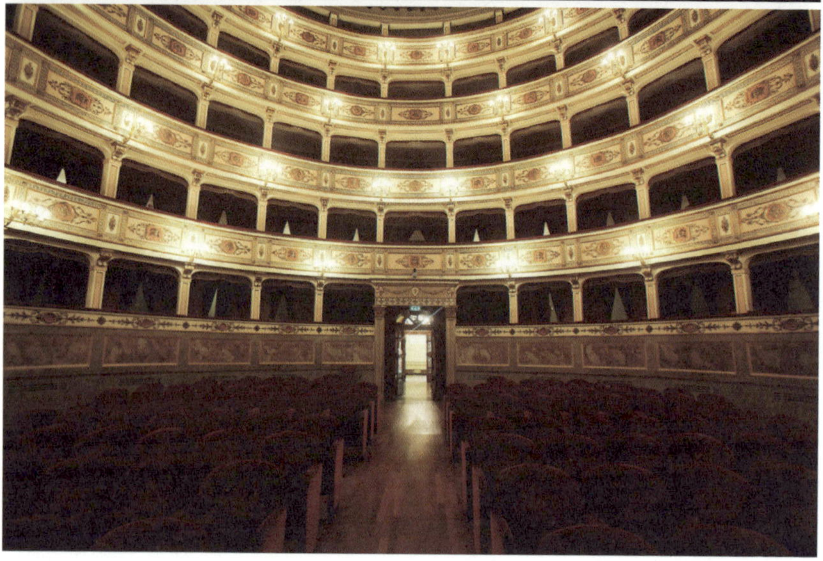

아지 스테이크, 그리고 카카오 셔벗에 이르기까지 무결점의 정찬이었다.

우르비노의 인물이 라파엘로라면 페사로*Pesaro*의 간판 스타는 〈세비야의 이발사〉를 잉태한 오페라 작곡가 로시니*Rossini*다. 1792년 페사로에서 태어났다. 어머니는 소프라노, 아버지는 호른 연주자였다. 아주 어릴 때부터 음악에 물들 수밖에 없었다. 그의 익살맞은 성격은 오페라에도 잘 드러난다. 내용은 극적이고 선율은 유쾌하다. 로시니는 이미 20대에 작곡가뿐만 아니라 극장장과 지휘자로도 맹활약했는데, 1819년에 설립된 로시니 극장*Teatro Rossini*에서도 당연히 지휘를 했다. 예전 극장은 음악 감상 이외에 가족끼리 모여 식사나 카드놀이를 하는 등 다목적으로 활용됐다고 한다. 900명을 수용하는 로시니 극장은 5층으로 구성됐고, 계층에 따라 허락된 자리가 달랐다. 2층 중앙석은 최고 권력자를 위한 자리. 일반인은 4층부터 앉을 수 있었다. 페사로에서는 매년 8월이면 로시니 오페라 페스티벌이 열린다.

요리사의 열정을 일깨운 눈빛

마르케에서 음악과 관련된 도시로 마체라타*Macerata* 또한 빼놓을 수 없다. 이 지역의 상징이 바로 스페리스테리오

야외극장*Arena Sferisterio*이다. 본디 스포츠 경기장으로 15세기부터 유행한 핸드볼 형식의 공놀이 경기와 투우가 벌어졌다. 다양한 상점들이 입주한 스페리스테리오는 오늘날로 치면 백화점의 기능도 수행했던 것으로 보인다. 이곳이 세계적인 명성을 얻게 된 데는 극장의 특이한 형태와 더불어 음향 장치의 도움 없이도 소리가 완벽하게 전달되는 구조에 있다. 직접 만난 아트 디렉터도 "소리가 극장 모든 곳에 동시에 도달하고 원래 소리의 두 배가 되어 돌아온다"고 강조했다.

페사로에 로시니 극장이 있다면 예시*Yesi*에는 페르골레시 극장*Teatro Pergolesi*이 있다. 맞다. 작곡가이자 바이올린 및 오르간 연주자인 조반니 바티스타 페르골레시*Giovanni Battista Pergolesi*가 예시 태생이다. 그의 작품 중 〈마님이 된 하녀〉는 프랑스와 이탈리아 사이의 음악 논쟁을 촉발하기도 했다. 프랑스의 궁정 오페라가 우월하냐, 이탈리아의 오페라 부파(이탈리아어로 쓰인 가벼운 내용의 희극)가 우월하냐는 논쟁이었다. 2년에 걸친 싸움은 이탈리아 측의 패배로 결판이 났지만 역설적이게도 프랑스 희가극인 오페라코미크의 출범에 결정적인 계기로 작용했다.

페르골레시 극장에서 잠시 시간을 보낸 다음, 와인 시음을 위해 발레아니 광장에 있는 에노테카*Enoteca*로 자리를 옮겼다. 마르케와인협회에서 운영하는 곳으로 포도 품종 개발

과 와인 생산업자 보호 및 육성, 와인 유통 활성화 등에 힘을 보태고 있다. 화이트 와인 두 종류, 스푸만테와 레드 와인 한 종류씩을 시음했는데 역시 베르디키오*Verdicchio* 품종에 큰 궁금증이 쏠렸다. 베르디키오는 마르케에서 재배되는 대표적인 화이트 와인 품종으로 상큼한 신맛이 일품이다. 화이트 와인뿐만 아니라 스파클링 와인인 스푸만테 양조에도 쓰인다. 양조장에 따라서는 베르디키오를 늦게 수확하기도 하는데, 이는 산도를 낮추고 당도를 높이기 위해서다. 베르디키오의 장점 중 하나는 탁월한 숙성력이다. 일반적으로 화이트 와인은 레드 와인보다 저장 기간이 짧은 편인데, 베르디키오를 이용한 화이트 와인은 빈티지가 좋을 경우 10~15년 정도까지 거뜬하다. 어린 베르디키오 와인에서는 신맛에 더해 매운맛이 슬쩍 감돌고, 묵힌 베르디키오 와인에서는 농익은 사과 향이 난다.

마르케에서 유독 호감이 간 음식은 아스콜라나 올리브 *Olive Ascolana* 튀김이다. 아스콜라나는 아스콜리나 지역에서 재배한 올리브로 크기가 커서 씨를 빼고 속을 채워 튀기기에 적합하다. 한 입 베어 물었더니 바삭한 튀김옷과 그 안에 들어 있는 잘게 다진 고기의 식감이 서로 잘 어울렸다. 아드리아해에 면한 항구도시 세니갈리아*Senigallia*에서는 미슐랭 스타 셰프 마우로 울리아시*Mauro Uliassi*를 만날 수 있었다. 17살에 생계유지를 위해 셰프의 길을 선택한 그는 애당초 요리에 대한 열정이 없었다고 고백했다. "여자 친구 생일을 맞아 사람들을 초대해 음식을 해준 적이 있어요. 음식을 맛본 사람들이 진심으로 감동한 나머지 저를 경외의 눈으로 바라보더라고요. 그때 요리의 강력한 힘을 알게 됐죠. 지금의 제 아내가 이렇게 얘기해 주었어요. 당신 손에는 영혼이 있다고." 그가 준비한 저녁 정찬 메뉴는 단순하면서도 모던함을 추구하는 그의 요리 철학을 닮은 듯 보였다. 생선 위에 올린 프로슈토와 오징어를 넓적하게 썰어 먹물소스를 끼얹은 요리가 사람들의 열렬한 지지를 이끌어냈다. 코스 요리와 그에 어울리는 와인 그리고 후식까지 비우다 보니 시계가 어느새 밤 11시를 가리키고 있었다.

Tour Plus

안코나*Ancona*항은 아드리아해와 접한 이탈리아 항구들 중 가장 크다. 그리스나 크로아티아 등으로 떠나는 페리를 이용할 수 있다. 1971년에 발견된 프라사시 동굴에서는 종유석과 석순, 석주가 연출하는 지하 세계의 장관을 목도할 수 있다. 규모는 상당하지만 입장객에게는 약 1.5km 구간만 개방된다. 총 7개의 홀로 구성되며 6번과 7번 홀은 사전 신청자에게만 허락된다. 길이 험해 안전 장비를 갖춰야 한다. 페르모*Fermo*의 아퀼라는 마르케에서 두 번째로 큰 극장이다. 1792년 문을 열었으며 1,000석 규모를 자랑한다. 페르모에는 고대 로마의 지하 물탱크도 보존돼 있다. 산피에트로*San Pietro*의 호텔 몬테코네로(www.hotelmonteconero.it)는 해발 550m에 자리하고 있어 아드리아해와 언덕이 협력한 멋진 풍광을 누릴 수 있다. 수도원이었던 호텔은 고풍스러운 외관을 그대로 유지하고 있다.

불멸의 화가를 찾아서

―

프랑스 프로방스

5년 사이 세 번이나 다녀온 프랑스 남부의 프로방스*Provence*를 생각하면 늘 가을이 떠오른다. 한여름의 독기가 사라진 볕은 따사롭고, 물기가 줄어든 공기는 바스락거린다. 건물과 들녘의 색은 가을빛을 빼닮았다. 그리고 프로방스에는 마음을 사로잡는 동네가 수두룩한데, 요리 대국 프랑스답게 '맛'을 우선순위에 둔 마을도 당연히 만날 수 있다.

프로방스와의 세 번째 만남에서 첫날 밤을 보낸 곳은 고요한 중세 마을 라카디에르다쥐르*La Cadiere d'Azur*의 베라르 호텔*Hostellerie Berard*이었다. 1969년 문을 열어 2대째 이어지는 가족 경영 호텔이다. 호텔은 미슐랭 1스타 레스토랑을 보유하고 있다. 아버지 르네 베라르가 별을 땄고, 아들 장프랑수아 베라르가 별을 유지하고 있다. 호텔 레스토랑에서의 저녁 식사는 호두소스를 곁들인 샐러드, 부야베스(지중해식 생선 스튜) 스타일로 조리한 눈볼대와 농어, 절인 오렌지를 밑에 깔고 칼리송(아몬드와 꿀로 반죽한 프로방스 대표 과자) 모양의 아이스크림을 얹은 디저트 등으로 구성됐다. 재료의 생명력이 폭발했고 더불어 식욕도 폭주했다.

노(老) 셰프의 흐트러짐 없는 태도

아버지 셰프 르네 베라르는 프랑스에서 최초로 쿠킹 클래스를 시작한 장본인이다. 요리 명인의 가르침을 받기에 앞서 이웃한 항구도시인 사나리쉬르메르 Sanary-sur-Mer부터 함께 찾았다. 날씨가 '지나치게' 쾌청했다. 하늘도 눈부셨고 바다도 눈부셨다. 르네 베라르가 자부심을 발산했다. "연중 310일이 화창해요. 당신들이 지금 보는 하늘 색깔이 바로 아주르(쪽빛)랍니다." 매일 서는 전통시장에서 셰프는 스스럼없었다. 수요일마다 장을 보니 생선, 채소, 올리브, 파스타, 소시지 가게 주인들과 너나들이로 지낸다. 살가움이 넘쳐흘렀다. 지방의회 선거에 나와도 틀림없이 당선되겠다는 쓸데없는 생각

이 들 정도였다.

쿠킹 클래스는 꼼꼼하게 진행됐다. 조리복을 차려입은 노 셰프는 쉴 새 없이 채소를 썰고 생선 비늘을 벗기고 가시를 제거하고 살을 발라낸 뒤 올리브유를 조심스레 따랐다. 3시간 정도 시간이 흘렀고 식탁 위에 앙쇼야드(마늘과 올리브유, 식초를 넣어 만든 안초비 퓌레를 빵에 발라 오븐에 구운 요리)를 필두로 베라르가 애지중지하는 식재료인 눈볼대가 들어간 생선 수프, 대구 살 퓌레, 망고 소르베 등이 올랐다. 맛도 맛이지만 "요리할 때는 모든 것이 중요하다"는 그의 초지일관과 신실한 태도가 더 인상 깊었다.

미술에 관심이 깊은 사람이라면 엑상프로방스*Aix-en-Provence*를 눈여겨봐야 한다. 근대회화의 아버지로 추앙받는 폴 세잔*Paul Cezanne*이 태어나고 생애의 대부분을 보냈으며 끝내 숨을 거둔 도시가 바로 엑상프로방스이기 때문이다. 아를*Arles*에 빈센트 반 고흐*Vincent van Gogh*의 흔적이 남아 있는 것처럼 엑상프로방스는 세잔의 자취를 보듬고 있다. 생가를 기본으로 세잔이 다니던 학교, 아버지의 은행이 있던 자리, 할머니가 살던 집 등을 찾아볼 수 있는데 역시 그가 작업하던 아틀리에를 세잔 투어의 중핵으로 꼽을 수 있다. 세잔은 폐렴으로 세상을 뜰 때까지 마지막 4년을 이곳에 머물며 작품 생산에 몰두했다. 소박하고 정갈한 아틀리에에는 보존 상태가 무척 양호하다. 그의 손때가 묻은 미술 도구와 가구는 말할 것도 없고 생전 입었던 외투와 모자도 한쪽에 가지런히 걸려 있다. 책상 위에 다소곳이 놓인 과일과 와인병은 세잔이 살아 돌아와 다시 그려주기를 기다리는 듯하고, 가지각색 물감으로 얼룩덜룩해진 팔레트는 세잔의 치열했던 창작열을 말해주는 것 같다.

미라보는 엑상프로방스의 메인 거리다. 1649년 마차가 다닐 수 있도록 조성됐다. 거리를 따라 길차게 자란 플라타너스가 규칙적인 리듬에 맞춘 듯 서 있다. 미라보 거리에 즐비한 카페들 중 비상한 스토리를 지닌 곳은 53번지의 레 되 가르송*Les Deux Garcons*. 1792년 첫발을 뗀, 길고 긴 시간이 쌓인 카페로 세잔과 그의 '절친' 에밀 졸라*Emile Zola*가 즐겨 찾았다고 한다. 이런 사실을 알고 카페에 앉아 있으면 두 사람이 미술과 문학에 대해 속 깊은 대화를 나누는 장면이 자연스레 그려진다. 세잔과 졸라가 학창 시절 만나 둘도 없는 친구가 된 데는 동병상련의 감정이 작용한 것으로 보인다. 두 사람 모두 이탈리아 출신에 사회적으로 성공한 아버지의 바람과는 동떨어진 예술가를 꿈꾸었다. 하지만 졸라가 1886년 발표한 소설에서 세잔(작품 속 등장인물의 이름은 다르지만 누가 봐도 세잔을 모델로 삼은 것이 분명했다)을 실패한 화가로 묘사한 것을 계기로 34년간의 우정은 허무하게 끝이 나고 만다. 절교를 선언한 세잔은 후에 졸라의 장례식에도 불참한다. 가족으로부터 멀어진데다 '지음'마저 잃어버린 세잔은 세상과 담을 쌓고 작품 활동에만 매진하게 된다.

앙투아네트의 개집과 카뮈의 무덤

엑상프로방스에서 북쪽으로 30km쯤 떨어진 앙수이 Ansouis에서는 콕 집어 한 곳만 방문했다. 장소는 앙수이성. 10세기에 건립된 내성과 17~18세기 지어진 외성이 연결된 구조의 건물에는 '일반인' 부부가 산다. 그러니까 으리으리한 성이 가정집인 것이다. 루제 루비에르 부부는 2008년 1월 상속세 문제로 경매에 나온 성을 거액을 주고 매입했다. 최종 경매 상대는 패션 문외한에게도 친숙한 패션 디자이너 피에르 가르뎅. 구매 당시 성은 텅 비어 있었다. 부부는 견고한 성의 내부를 진귀한 물건들로 채워나갔다. 여러 경로를 통해 손에 넣은 고가구와 물건들이 즐비하다. 심지어 마리 앙투아네트(루이 16세의 왕비)의 애완견이 사용한 개집도 있다. 중세의 성에는 30m에 달하는 우물과 자그마한 성당도 존재한다.

'작은 언덕'이란 뜻의 퀴퀴롱Cucuron에서 먼저 눈길을 잡아챈 주역은 마을 중앙 광장에 있는 인공 연못이었다. 직사각형 연못 주위에 아찔한 높이의 나무들이 호위하듯 늘어서 있

고, 물낯에 그 모습이 고스란히 잠겨 있어 자못 신비스러운 분위기를 자아낸다. 퀴퀴롱은 우리나라와 인연이 깊다. 연결 고리는 천주교. 한국인 최초의 사제 김대건 신부에게 사제품을 준 제3대 조선교구장 장조셉 페레올의 고향이 바로 퀴퀴롱이다. 그는 김대건 신부와 한국에서 선교 활동을 펼치다 1853년 서울에서 유명을 달리했다. 사망 원인은 과로로 알려져 있다. 마을의 노트르담드볼리외성당은 페레올 주교가 세례를 받았던 곳으로, 그의 초상화와 선교 활동을 기록한 한국어 표지판을 만날 수 있다. 연못 옆에는 레스토랑 알렉스*Alex*가 있다. 테이블이 몇 개 없는, 작은 마을에 어울리는 작은 식당이다. 감자 퓌레를 깔고 앉은 오리고기, 버섯과 감자가 협력한 닭고기 등을 맛보았다. 고기에 곁들여 먹은 통밀의 저작감이 근사했다.

앙수이와 더불어 '프랑스의 가장 아름다운 마을(총 157개)' 중 하나로 선정된 루르마랭*Lourmarin*은 《이방인》의 작가 알베르 카뮈*Albert Camus*와 관련이 있다. 소설가이자 철학자인 장 그르니에가 언젠가 제자 카뮈를 루르마랭에 초대했고, 카뮈는 곧바로 루르마랭과 사랑에 빠졌다. "드디어 내가 묻힐 묘지를 찾았다"고 말했을 정도다. 실제로 루르마랭에는 카뮈가 정착해서 살던 집과 영면에 든 무덤이 있다. 해가 중천에 걸렸을 때 만난 카뮈의 묘는 평화로웠다. 그를 특징짓는 키워

드인 부조리와 비운의 그림자는 얼씬거리지 않았다. 루르마랭의 와이너리 샤토 퐁베르Chateau Fontvert로 향했다. 1950년부터 3대째 가업을 잇고 있으며, 20ha의 포도밭에서 연간 10만여 병의 와인을 생산한다. 무려 400년 된 주인장의 집에서 그르나슈블랑과 베르멘티노 품종을 혼합한 2016년산 화이트 와인, 그르나슈누아·무르베드르·생쇼 품종을 섞은 2016년산 로제 와인, 쉬라와 그르나슈누아 품종을 조합한 2014년산 레드 와인을 조금씩 마셔봤다. 전부 준수했지만 '에이스'는 오래된 포도나무에서 수확한, 쉬라 100%의 2014년산 레드 와인이었다.

쓸모 잃은 채석장에 그림을 쏘다

지중해 인근 지역은 '태양의 열매'로 불리는 올리브의 주요 산지다. 온화한 기후 덕분에 올리브나무가 잘 자란다. 올리브유에 대한 애정도 극진하다. 샐러드드레싱을 만들거나 빵을 찍어 먹을 때, 음식을 볶거나 수프를 끓일 때 빠짐없이 끼어든다. 생레미드프로방스Saint-Remy-de-Provence의 올리브 농장 겸 올리브유 제조 공장인 물랭 뒤 칼랑케Moulin du Calanquet. 품질이 우수하기로 정평이 나서 조엘 로부숑(2018년 타계) 같은 세계적인 셰프가 고객 목록에 올라 있으며 미국,

호주, 싱가포르 등지에도 수출한다. 소량 생산 원칙을 고집하고, 압착하는 과정에서 27도를 넘기지 않으며, 한 번 눌러 짜낸 올리브는 재사용하지 않는다. 이곳의 올리브유를 맛보면 코끝을 감도는 풀 향, 혀에서 느껴지는 쓴맛, 목을 메우는 매운맛이 복합적으로 다가온다.

참담한 일(폴 고갱과의 불화로 스스로 한쪽 귀를 자른 사건)을 겪고 아를을 떠난 고흐는 생레미드프로방스의 생폴드모졸 Saint-Paul-de-Mausole에서 한 해 동안 지내며 최후의 불꽃을 태운다. 〈별이 빛나는 밤〉, 〈들판의 농부〉, 〈아이리스〉 등의 대표작을 이때 완성시켰다. 생폴드모졸은 11~14세기는 수도원으로, 17세기 이후로는 요양원으로 쓰이고 있다. 경내 곳곳에 고흐의 그림이 걸려 있으며 고흐가 입원 당시 머물던 병실, 병상, 물품 등도 그대로 보존돼 있다. 고흐의 사연을 알고 있어서 그랬을까. 그의 병실은 프로방스에서 공기가 가장 차갑게 다가온 공간이었다.

레보드프로방스Les Baux-de-Provence 또한 상주인구 400여 명의 오붓한 마을이다. 하지만 이색적인 볼거리를 갖추고 있으며, 미식에 관한 자부심이 강한 고장이다. 제일 '튀는' 존재는 카리에르 드 뤼미에르Carrieres de Lumieres다. 세월의 먼지를 뒤집어쓴 채 방치되던 대규모 채석장이 아이디어 만점의 전시장으로 거듭난 것이다. 100여 대의 프로젝터가 면적

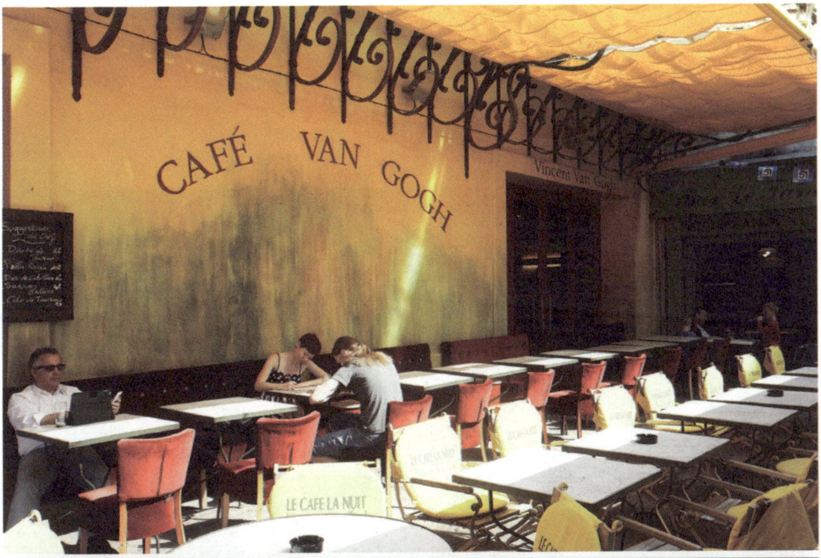
CAFÉ VAN GOGH
Vincent Van Gogh
LE CAFE LA NUIT

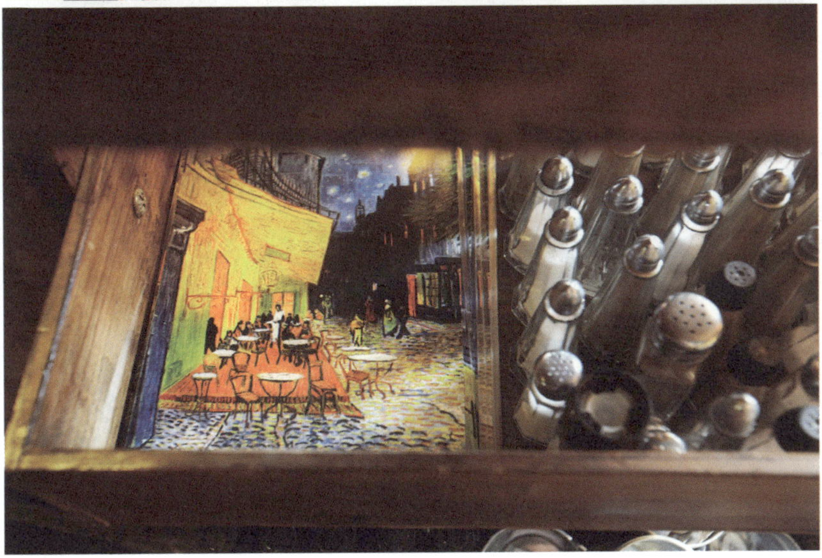

6,000㎡, 높이 14m에 달하는 채석장의 벽과 기둥과 바닥에 화가들의 그림을 비추는데 시각과 음향효과가 절묘하게 배치돼 분위기가 사뭇 몽환적이다. 마치 작품 속에 들어가 있는 듯한 착각까지 든다. 유연한 사고와 발상의 전환에 박수를 보낼 수밖에 없다. 마스 드 라 담*Mas de la Dame*은 자체적으로 포도 농사를 짓고 와인을 생산 및 판매하는 레보드프로방스 최초의 와이너리다. 증조할아버지와 할아버지가 일군 가업을 현재는 증손녀들이 운영하고 있다. 베테랑 와이너리답게 흥미로운 이야기가 똬리를 틀고 있다. '바다가 육지를 덮는 날, 스텔(돌로 만든 비석 또는 돌기둥)이 그것을 막을 것이다'라는 노스트라다무스(그의 고향은 생레미드프로방스다)의 예언에 따라 할아버지가 와이너리에 돌기둥을 많이 세웠다는 것이다. 와인병에도 스텔 그림이 안착해 있다. 마스 드 라담의 주변 풍경은 고흐의 화폭에 담겼을 만큼 해사하다. 300ha의 농장에는 포도나무, 올리브나무, 라벤더 등이 사이좋게 심어져 있다.

프로방스에서의 마지막 날 밤은 5년 전과 마찬가지로 보마니에르*Baumaniere* 레보드프로방스에서 묵기로 했다. 호텔 운영자는 창업자의 손자인 장 앙드레 샤리알*Jean Andre Charial*. 그는 미슐랭 3스타 레스토랑인 우스토 드 보마니에르*Oustau de Baumaniere*의 셰프이기도 하다. 지난번에도 그랬지만 샤리

알이 이끄는 레스토랑에서의 저녁 식사는 갈채의 연속이었다. 올리브, 눈볼대, 양고기 등을 활용한 요리가 줄줄이 잇따랐다. 음식과 빵의 궁합도 중요하게 여겨 각 코스마다 다른 빵이 매치됐다. 식재료에 대한 해석 능력과 창의성 등 다방면에서 만족스러웠다. 6만 병에 달하는 와인 컬렉션도 어마어마하다. 단순히 숫자만 많은 것이 아니다. 1870년 빈티지를 비롯해 1900년 이전의 희귀 와인을 20병이나 소장하고 있다. 수석 소믈리에는 40여 년의 경력을 자랑한다. 한마디로 프로방스 미식 기행의 정점이었다.

Tour Plus

올리브유 구입은 생레미드프로방스의 물랭 뒤 칼랑케(www.moulinducalanquet.fr)에서 하면 좋다. 보통 10월 말부터 12월 중순까지 올리브를 수확하며, 12월 10일경 첫 기름이 나온다. 라 카디에르다쥐르의 베라르 호텔(www.hotel-berard.com)은 고령의 건물 3채에 총 35개의 객실을 구비하고 있다. 로마시대 온천을 재현한 스파도 이용할 만하다. 루르마랭의 라 페니에르(www.aubergelafeniere.com)는 오베르주(식당 겸 여인숙) 스타일의 숙소. 보마니에르 레보드프로방스(www.baumaniere.com)는 휴식과 미식, 두 가지 면을 고루 충족시켜 줄 곳이다.

와인 종주국의 자부심

프랑스 아키텐

유럽에서 가장 높다는 모래언덕은 난데없는 아름다움이었다. 하늘과 맞닿은 포도밭은 단정한 아름다움으로 잘박잘박 젖어 있었다. 오래된 집들이 처마를 맞댄 모습은 고요하고 아늑했다. 200여 년 된 샤토에서 마신 와인은 쉽게 허물어지지 않는 탄탄한 품격을 뽐냈다. 이 모든 것들이 기대고 있는 지역, 바로 프랑스의 아키텐Aquitaine이다.

아키텐은 와인의 메카로 불린다. 아키텐이 낯선 사람일지라도 보르도Bordeaux는 낯설지 않을 것이다. 아키텐은 프랑스 남서부의 주州 이름이고, 보르도는 아키텐을 구성하는 5개

지역 가운데 하나인 지롱드의 수도 이름이다. 보르도의 지명도를 높인 장본인은 단연코 와인이다. 선호하는 품종과 브랜드는 다를 수 있지만 거개의 사람들이 와인 하면 즉각적으로 프랑스, 그중에서도 보르도를 제일 먼저 떠올린다. 이탈리아, 스페인, 미국, 칠레, 호주 등 구세계와 신세계 와인의 불타는 각축전 속에서도 보르도는 여전히 와인의 권좌에 머물러 있다. 마셔보지 않았어도 한 번쯤은 들어봤음 직한 세계적인 와인이 보르도에는 즐비하다.

땅이 다르면 심는 품종도 다르다

포도밭을 만나기 앞서 시티 투어부터 해보자. 가론강과 도르도뉴강의 두 물줄기에 에워싸인 보르도시는 수시로 몽몽한 안개를 피워 올린다. 짙은 안개에 가린 도시의 실루엣은 와인이 없어도 충분히 고혹적이다. 흔히 '보르도의 3M'이라고 불리는 사상가 몽테뉴, 철학자 몽테스키외, 소설가 모리악도 이 안개의 도움을 적잖이 받았을 성싶다. 도시의 명소 중 하나인 부르스 광장에는 '물로 된 거울'이라는 뜻의 분수대가 있다. 바닥에 얕게 물을 깔아 주변 경관이 그대로 투영된다. 분수대에서는 물이 샘솟기도 하지만 20분 간격으로 수증기가 서리서리 피어오른다. 대수로울 것 없는 분수대가 삽시간에

특출한 볼거리로 변신하는 순간이다. 코미디 광장을 사이에 두고 18세기 이래 보르도의 공기를 공유하고 있는 대극장과 인터콘티넨털 보르도 르 그랑 호텔, 로마네스크와 고딕양식이 혼합된 생탕드레대성당, 유럽에서 가장 긴 거리로 쇼핑과 식도락을 즐길 수 있는 생트 카트린 거리 등도 보르도 시티에서 건너뛸 수 없는 곳들이다. 랭탕당L'Intendant은 보르도의 내로라하는 와인 전문 숍이다. 1만5,000병에 이르는 보유량도 대단하지만 소규모 양조장의 제품도 꼼꼼하게 챙겼을 만큼 컬렉션 구성에 빈틈이 없다. 12m의 나선형 계단이 화룡정점을 이루는 내부 또한 휘황하기 이를 데 없다.

보르도의 와인 산지는 지롱드강에 의해 가르마를 탈 수 있다. 보르도시에서 차로 약 1시간이면 닿을 수 있는 지롱드강을 기준으로 서쪽에 메도크Medoc가, 동쪽에 생테밀리옹 Saint-Emillion이 포진한다. 강 서쪽에는 메도크 이외에도 포이약 그라브 소테른 등이, 그리고 강 동쪽에는 생테밀리옹 이외에도 포므롤 프롱삭 등이 세거한다. 와인의 성지 프랑스에서도 기라성 같은 와인들을 생산하는 곳들이다. 보르도 와인의 '좌청룡 우백호'로 인식되는 메도크와 생테밀리옹은 차이점이 뚜렷하다. 우선 자갈이 많은 메도크의 땅이 거칠다면 생테밀리옹은 진흙을 많이 포함한 탓에 무른 편이다. 토양이 다르니 주력 품종도 상이할 수밖에 없다. 타닌이 많고 떫은맛이 특징

인 카베르네 소비뇽이 메도크의 대표 선수라면 다른 품종에 비해 일찍 여물고 과일 향이 풍부한 메를로는 생테밀리옹의 적자다.

보르도의 전형성은 '포도밭이 있는 샤토'다. 고성 앞 포도밭은 시야의 대폭 확장을 요구할 정도로 광활하며, 와인 저장고 역시 입이 떡 벌어질 정도로 광대하다. 하지만 샤토의 자존심은 '사이즈'에 있지 않다. 누대에 걸쳐 축적된 노하우를 바탕으로 양질의 와인 산출에 진력을 다한다. 포도의 품질을 좌우하는 네 가지 요소인 지형, 기후, 토양, 포도나무가 최적의 상태를 유지하는 가운데 이런 부단한 노력이 더해지니 보르도에서 유수한 와인이 출하되는 것은 불문가지의 일이다.

메도크 vs 생테밀리옹

메도크의 샤토 마고 *Chateau Margaux*는 지롱드강 유역에 산재하는 1만여 개의 와이너리를 통틀어 맨 앞줄에 서는 곳이다. 샤토 라투르, 샤토 라피트 로칠드, 샤토 무통 로칠드, 샤토 오브리옹 등과 이른바 보르도 5대 샤토의 반열에 올라 있다. '꿈의 와이너리'는 진입로부터 꽉 찬 격조를 보여준다. 시립하듯 줄을 맞춰 좌우로 늘어선 아름드리나무들이 상냥한 위엄을 한껏 풍긴다. 여전히 가족 중심으로 운영되는 샤토 마고

는 75ha에 이르는 포도밭을 소유하고 있는데, 품종을 따지자면 역시 카베르네 소비뇽이 주류를 이룬다. 카베르네 소비뇽 75%, 메를로 20% 그리고 카베르네 프랑이 2~3%. 지하 저장고에는 와인을 담은 오크 통들이 가득하다. 각 통마다 구멍이 하나씩 뚫려 있고 이를 유리잔으로 덮은 모습이 주의를 끈다. 와인 통이 야금야금, 최대 15%에 해당하는 와인을 먹어 치우기 때문에 이 구멍을 통해 와인을 지속적으로 보충해 준다. 자연 손실분이 아까울 법도 하지만 와인과 오크 통의 교감이 맛에 미치는 영향 때문에 스테인리스 통은 절대 사용하지 않는다. 샤토 마고에는 오크 통 깎는 장인이 따로 있을 정도다. 여느 와이너리처럼 샤토 마고에서도 와인을 시음할 수 있다. 아무 때나 가능한 일은 아니고 3개월 전 예약을 마쳐야 맛보기의 기회를 겨우 내어준다.

  메도크보다 관광객들의 호응이 더 높은 지역은 생테밀리옹이다. 와인의 품질도 각별하지만 도시 전체가 유네스코 문화유산에 등재됐을 만큼 중세의 모습이 살아 있기 때문이다. 도시 전체의 생김새를 일독하고 싶다면 생테밀리옹성당의 종탑에 오르면 된다. 누르스름한 색채의 집들이 옹기종기 모여 있고, 그 배후를 포도밭이 둘러싼 그림 같은 풍경이 한눈에 들어온다. 메도크도 그렇지만 생테밀리옹도 레드 와인이 초강세를 띤다. 몇몇 샤토에서 화이트 와인을 생산하기도

하지만 생테밀리옹의 라벨을 붙일 수 없어 서자 취급을 받는다. 생테밀리옹의 포도밭을 지배하는 품종은 메를로다. 생테밀리옹에서 카베르네 소비뇽을 더 많이 사용하는 와이너리는 샤토 슈발블랑과 샤토 퓌작뿐이다. 그러니 어지간한 샤토에 들러도 노글노글한 맛이 일품인 메를로 주연의 레드 와인과 입맞춤하기란 어려운 일이 아니다. 생테밀리옹와인학교에서 주관하는 와인 클래스에도 참가해 볼 만하다. 보르도 와인의 이력과 내력을 살뜰하게 짚어줄 뿐만 아니라 와인을 감상하는 데 있어 후각이 얼마나 중요한지를 새삼 깨우쳐준다.

　　대서양 연안의 아르카숑*Arcachon*은 포도밭이 있는 풍경과 사뭇 다른 양상을 보여준다. 계절에 구애받지 않는 포근하고 잔풍한 날씨와 풍성한 일조량 그리고 드넓은 모래사장이 아르카숑을 인기 휴양지로 만든 일등 공신들이다. 부두에서 배를 타고 30분가량 나아가면 페레곶*Le Cap Ferret*에 도달한다. 특산물 굴을 배가 불룩해지도록 맛본 뒤, 해변에서 휴식을 취하거나 자전거를 타고 동네 한 바퀴 시찰하면 만족스러운 일정이 될 것이다. 아르카숑 남쪽의 필라 사구*Dune du Pilat*는 아키텐에서 가장 이례적인 풍광이다. 종아리에 힘줄을 세워가며 경사면을 허위허위 오르면 장대한 모래언덕과 창창한 아르카숑만이 앙상블을 이루는 장관이 사위에서 펄떡거린다.

Tour Plus

생테밀리옹의 샤토 그랑 코르뱅 데스파뉴(www.grand-corbin-despagne.com)는 무려 7대째 대를 이어가며 와인을 생산하고 있다. 샤토 드 몽바지악(www.chateau-monbazillac.com)은 달콤한 화이트 와인으로 사람들을 유인한다. 보르도에서 그리 멀지 않은 곳의 라 와이너리(www.lawinery.fr)는 소극장과 레스토랑, 와인 바와 숍 등을 갖춘 현대식 와이너리다. 여섯 단계의 블라인드 테이스팅을 통해 자신의 기호에 맞는 와인을 선별하는 '와인 별자리 시스템'이 독특하다. 아키텐에서 묵어갈 만한 곳으로는 마고 마을 안의 골프 & 스파 리조트 를레이즈 드 마고(www.relaismargaux.fr)와 보르도 최상의 호텔로 평가받는 인터콘티넨털 보르도 르 그랑(www.ihg.com)을 추천한다. 르 그랑 호텔 내 레스토랑인 르 푸레 수아르 다르겐트의 메뉴 중에는 바닷가재의 대가리와 꼬리를 전용 압축기에 넣어 짜낸 즙을 소스로 사용하는 로브스터 요리와 그라브 와인을 곁들인 캐비아가 최고점을 받을 만하다.

4부

―

사람의 풍경

불교의 나라에서 마주한 삶의 표정

―

미얀마 바고 & 양곤

중년에 접어든 사람들에게는 여전히 버마로 더 익숙한 미얀마. 한 나라의 다층적인 면모를 들추기에는 까무룩 들었다 깬 낮잠처럼 짧은 시간이었지만 그래서 일분일초가 더 소중했다. 삼가는 마음으로 불교의 나라를 순례했는데, 개인적으로 애착을 느낀 지점은 미얀마 사람들의 가공되지 않은 삶의 풍경이었다.

　　미얀마는 세계 최고의 불교 국가다. 전체 인구의 약 85%가 불교를 섬긴다. 미얀마의 불교는 사람들의 생활 전반에 녹진하게 스며들어 있으며, 불상과 불탑을 모신 사원은 사람들이 무시로 드나드는 '생활 밀착형' 공간이다. 미얀마에서 삶과 종교는 딱히 구분되지 않는다. 미얀마의 최대 관광자원은 두말할 나위 없이 불교 사원들이다. 쉐다곤 파고다는 그중에서도 군계일학이다. 낮에도 위세가 용솟음치지만 진짜 금이 입혀진 대탑은 밤이 찾아들면 진가를 발휘한다. 중앙에 부처의 지혜를 상징하는 76캐럿짜리 다이아몬드가 장식돼 있다. 쉐도맛 파고다는 바간Bagan의 아난다 파고다와 양곤Yangon의 쉐다곤 파고다를 모델로 조성된 황금 탑이다. 부처의 송곳니 1개가 이곳에 모셔져 있다. 차욱탓지 파고다에서는 67m에 이르는 와불상이 돋보인다. 로카찬다 파고다는 2001년에 지어진 '신생 사원'이다. 양곤 시민들은 집에 걱정거리가 있으면 으레 이곳에 와서 기도를 드린다고 한다. 마지막으로 바고Bago에 있는 쉐모도 파고다는 높이가 113m에 달하는, 미얀마에서 가장 키가 큰 불탑이다.

일상의 공간으로 확장된 사원

미얀마에서 살펴본 불교 사원들과 사원의 탑들은 먼저 보고 돌아온 이들의 전언대로 화려하고 웅려했다. 불탑 앞에서 미얀마 사람들은 향을 사르고 합장을 하거나 이맛전이 바닥에 닿을 정도로 허리를 깊숙이 숙였다. 얼굴은 맑았고, 몸

가짐은 공손했다. 그것은 미얀마인들에게 유전자처럼 새겨진 신앙의 표정이었다. 그렇다고 미얀마의 사원을 지배하는 것이 신성불가침의 적막이나 숨 막힐 듯한 지엄함은 아니었다. 기도를 올린 사람들은 사원의 바닥에 주저앉아 수런수런 이야기꽃을 피우거나 가져온 음식을 나눠 먹었다. 그것은 종교에 억눌리거나 멱살 잡히지 않은 단란한 생활의 표정이었다.

바고는 2005년까지 미얀마의 수도를 역임했던 양곤으로부터 약 80km 거리에 있다. 15세기까지 가장 앞선 불교문화를 간직했던 바고에서 가이드가 뜻밖의 제안을 건넸다. 현지인 집을 방문해 보자는 것. 반듯하게 꾸민 관광지가 아니라 장삼이사의 살림살이가 내심 궁금했던 터라 마다할 이유가 없었다. 비가 추적추적 내리던 날 오후, 양해를 구하고 어느 여염집에 들어갔다. 마침 부모는 출타 중이었고, 할아버지와 할머니가 손주들을 돌보고 있었다. 상대방의 언어를 모르는 탓에 할아버지와 눈웃음으로 겨우 소통했지만 희한하게도 전혀 어색하지 않았다. 외국인의 예고 없는 출현에도 어르신은 놀라는 기색이 없었다. 할아버지가 손수 따라주신 따끈한 차를 마시며 깊게 팬 그의 주름을 물끄러미 바라보았다. 그것은 국적과 성별과 사는 곳을 막론하고 오래 산 사람에게서 배어 나오는 인자한 표정이자 지혜의 나이테였다.

할아버지 집을 나와 근방의 스님 학교와 기숙사에도 잠

시 들렀다. 눈을 맞추고 고개를 숙여 사진 촬영에 대한 동의를 구한 뒤 카메라 셔터를 눌렀다. 왼쪽 어깨에서 오른쪽 겨드랑이 밑으로 걸쳐 입는 가사는 당연히 왼쪽 어깨는 가려주고 오른쪽 어깨는 드러나게 해주었다. 가사 위로 솟은 승려들의 오른쪽 어깨는 깊은 신심을 대변하는 듯 확고해 보였고, 어깨 위의 얼굴은 부처의 자비를 닮으려는 듯 자애로워 보였다. 파르라니 깎은 머리가 엷게 빛났다. 어느 순간 동자삭발을 한 승려들이 우르르 창가로 몰려들어 까르르 웃음을 터뜨렸다. 일부는 디지털카메라가 신기한 듯 시종일관 눈을 떼지 못했다. 어릴 때 머리를 깎은 그들의 표정은 출가하지 않은, 동네 공터에서 공을 차거나 놀이터에서 미끄럼틀을 타는 아이들의 무구한 표정과 별반 다르지 않았다.

양곤에서 고른 숙소는 평판 좋은 세도나 호텔이었다. 짐을 풀고 잠깐이나마 주변 산책에 나섰다. 호텔 건너편에 인야 *Inya* 호수가 드넓게 자리했고, 한쪽에서는 회전 관람차가 돌아가고 있었다. 좀 생뚱맞았지만 상승과 하강을 느긋하게 반복하는 관람차 안의 사람들은 확실히 달떠 보였다. 살랑바람이 불어오는 호숫가에는 벤치들이 줄을 맞춰 놓여 있었다. 태양이 이글거리는 일요일 오후, 그 벤치들의 주인은 양곤의 선남선녀들이었다. 데이트 중인 그들은 약조라도 한 듯 우산 혹은 양산을 하나씩 받치고 있었는데, 우산 혹은 양산의 용도

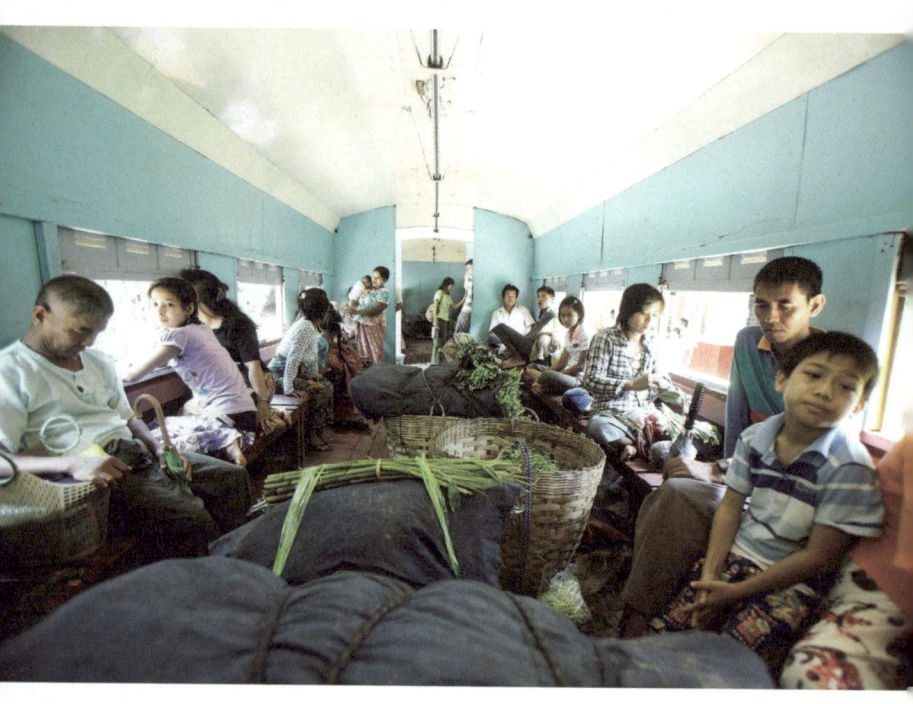

는 햇볕을 가리는 데 있다기보다 타인의 주시를 차단하기 위한 것처럼 생각됐다. 우산 혹은 양산 아래 허락된 한 뼘의 공간은 만국공통어인 사랑의 몸짓과 표정으로 구름처럼 부풀어 있었다.

채소가 주인인 객차

이튿날 양곤순환열차에 올라탔다. 후줄근한 열차가 양곤의 도심과 외곽을 한 바퀴 도는 데 걸리는 시간은 3시간 남짓. 운임은 1달러에 불과했다. 대부분의 열차가 출발하는 지점이자 마지막으로 도착하는 지점인 중앙역을 제외하면 여타의 기차역들은 윤흥길의 소설 《묵시의 바다》 속 한 구절인 '별 볼 일 없는 한적한 시골 철로 변에 목조의 낡은 간이역 하나가 서 있다'를 떠올리게 해주었다. 사람들의 내왕이 드문드문했고, 열차의 도착 또한 드문드문했다. 타나카를 얼굴에 바른 행상 몇몇이 열차를 기다리는 사람들 앞에서 느슨한 시간의 조각들을 기워내고 있었다. 참고로 타나카는 말린 타나카나무(백단향)를 물과 함께 돌에 갈아 얻은 진액인데, 자외선 차단과 피부 보습 효과가 있다고 한다.

후텁지근한 양곤순환열차의 내부는 몹시 어지러웠다. 승객들을 따라온 채소와 과일들이 차량을 가득 메우고 있어

화물칸을 방불케 했다. 어떤 아낙은 아예 의자에 퍼더버리고 앉아 나물을 다듬었다. 누구도 이상하게 쳐다보거나 불편하게 여기지 않았다. 객차의 주인은 승객이 아니라 그들이 머리에 이거나 등에 지고 나가 시장에 내다팔 청과물인 것처럼 보였다. 그것은 일상적으로 전개되는 생생한 삶의 표정이었다. 1달러짜리 기차표에 실린 삶의 무게가 덜컹거리며 흘러갔다.

양곤에서 가장 유명한 재래시장인 보조케 아웅산 마켓을 찾았다. 시장 안에는 보석, 귀금속, 의류 등을 취급하는 점포들이 즐비했다. 시장 입구를 장식한 것은 미얀마의 무명 화가들이 세상에 내보낸 그림들이었다. 미얀마의 풍경과 문화, 사람을 채집한 그림들은 제가끔 인상적이었다. 색감이 뜨거웠고, 붓놀림이 대범했으며, 화폭에 담긴 제재들이 건실했다. '불탑의 도시' 바간과 '산 위의 바다' 인레*Inle* 호수를 재현한 그림들도 있었다. 그것은 가보지 못한 신천지의 표정이었다. 미얀마를 다시 찾을 이유가 그림 한 점으로도 차고 넘쳤다.

양곤의 밤 풍경 속으로 잠입했다. 미얀마의 '국가대표 사원'인 쉐다곤 파고다는 양곤 거개의 풍경이 어둠에 허물어지거나 하릴없이 잠긴 상황 속에서도 독야청청했다. 고개를 젖혀 올려다본 99.1m의 쉐다곤 대탑이 조명의 도움을 받아 어둠을 떠받치고 있었다. 그것은 인위가 자연에 맞서는 대담한 표정이었다. 세상 이치가 그렇듯 쉐다곤 파고다의 시초 역시

변변치 못했다. 지금으로부터 2,500여 년 전 타부사와 발리카라는 2명의 상인이 부처의 머리카락 여덟 올을 가져와 오칼라파 왕에게 전했고, 이를 모시기 위해 14m의 탑을 세웠다고 한다. 이후 증축과 보시라는 미얀마 왕조의 끝없는 정성을 디딤돌 삼아 현재의 위풍당당한 모습으로 거듭났다. 미얀마의 '스카이라인'을 바꾼 대역사는 그렇게 탄생했다. 양곤 시민들이 연약한 전등불 아래서 밤을 맞이하는 풍경은 '꼬치 골목'에 옹그리고 있었다. 골목을 따라 꼬치구이를 판매하는 집들이 이어졌고, 사람들은 노천 테이블에서 목을 축이거나 허기를 달랬다. 애틋한 공간 속으로 시간이 저물어갔다.

Tour Plus

1987년 문을 연 골든 밸리 아트 센터*Golden Valley Art Centre*에는 65명의 미얀마 예술가들이 그린 300여 점의 작품이 전시돼 있다. 갤러리는 생계를 꾸리기 힘든 작가들에게 작업 공간과 식사를 제공하고 작품 판매도 대행한다. 여러 종류의 빵과 케이크, 커피를 맛볼 수 있는 양곤 베이크하우스(www.facebook.com/yangonbakehouse)는 평범한 빵집에 그치지 않는다. 자활이 필요한 여성들에게 10개월 동안 무료 제빵 교육을 실시한다. 비영리 사회적기업 포멜로(www.facebook.com/pomeloformyanmar)는 재능 있는 소수 부족 여성, 장애인, 영세 사업자 등을 적극적으로 후원한다. 이들이 만든 다채로운 수공예품과 재활용 제품은 디자인과 가격 모두 상당히 매력적이다. 세도나 호텔(www.sedonamyanmar.com)은 양곤을 찾은 많은 수의 해외 유명인들이 거쳐 갔다.

길고 긴 시간이 눌어붙은 풍경

—

튀르키예 말라티아 & 샨리우르파

튀르키예 중동부의 말라티아*Malatya*와 남동부의 샨리우르파 *Sanliurfa*는 각각 웅장한 자연과 고색창연한 유적을 전면에 내세운다. 여기에 외지인을 상대하는 주민들의 살가운 마음씨와 사라져 가는 것들을 여전히 꼭꼭 보듬고 있는 재래시장의 구수한 표정이 더해져 풍경의 조각보가 완성된다.

말라티아 여행 첫날, 예실유르트*Yesilyurt*라는 마을의 한 식당에서 조찬 모임을 가졌다. 예실유르트의 '예실'은 녹색을 뜻한다고 하는데, 아니나 다를까 식당은 연한 녹음에 휩싸여 있었다. 음식점 안팎의 살구나무와 체리나무들에는 탐스러운 열매가 주렁주렁 달렸다. 이윽고 준비된 음식이 쉴 새 없이 식탁에 올랐다. 대여섯 가지의 빵, 서너 가지의 치즈, 올리브와 각종 채소, 살구잼과 직접 벌치기를 해서 얻은 꿀, 호박튀김, 살구와 체리 등등. 이만한 건강 밥상이 또 있을까 싶을 정도로 재료가 하나같이 끼끗했다. 먼 길 달려온 손님을 위해 아침부터 이렇게 많은 음식을 장만했나 싶었지만 꼭 그런 것도 아니었다. 다른 테이블에서 정다운 대화를 나누며 식사 중인 남녀의 상차림을 엿보았더니 2인분이라고는 믿을 수 없을 만큼 푸짐했다. 과일에 관한 한 빼놓을 수 없는 도시가 바로 말라티아다. 말라티아는 한마디로 살구의 도시다. 전 세계 말린 살구의 80%를 담당한다. 이곳의 말린 살구는 현지인들이 즐겨 찾는 간식거리일 뿐만 아니라 관광객들이 선물용으로도 많이 찾는다. 봄에 살구꽃이 만개하고, 여름에 살구가 노랗게 익어가는 모습은 정말이지 유혹의 풍경이 아닐 수 없다.

천년을 이어온 동굴 문화

말라티아가 사수한 풍경의 클라이맥스는 시내에서 차로 30~40분 떨어진 레벤트*Levent* 협곡이다. 직각에 가까운 바위 절벽과 귀부로 다듬은 듯한 바위기둥이 서늘한 감동을 자아낸다. 지금이야 가장 높은 지점이 해발 1,400m에 이르지만

6,500만 년 전 협곡은 바다였다. 어느 순간 심대한 융기 현상이 일어났고, 길고 긴 세월 동안 풍화와 침식작용을 겪으며 현재의 모습을 갖게 됐다. 현지 가이드의 말을 빌리면 레벤트 협곡에는 지질학적으로 중요한 28개의 포인트가 있다고 한다. '지질학의 교과서'로 불리는 것도 그런 연유에서다.

레벤트 협곡 일대에는 9,500년 전부터 사람이 거주했다. 자연 동굴은 물론이고 인공 동굴을 만들어 집, 창고, 무덤, 교회 등으로 이용했다. 믿기 어려운 일이지만 요즘도 동굴 집에서 생활하는 사람들이 있다. 퀴추퀴르네 마을의 수크르 쿠르트 씨가 그 주인공이다. "조상 대대로 1,000년 이상 동굴에서 살았다"고 전한 그는 현재 말라티아 시내에 거처를 따로 두고 있다. 자식들 교육을 위해 내린 결정이었다. 동굴은 주로 여름철에 사용하고, 겨울에는 일주일에 한 번꼴로 들른다. 동굴 집에 전기가 들어온 것은 1985년의 일이었다. 당시 마을 촌장이었던 쿠르트 씨가 말라티아가 고향인 수상에게 편지를 보내 동굴 생활의 불편함을 호소했던 것이 주효했다. 그전까지는 동굴 내부의 천연 냉장고에 물건을 보관했다. 자신의 동굴 집이 걸어온 길을 담담하게 밝히는 할아버지의 얼굴은, 갑작스러운 이방인의 '침입'에도 불구하고 파문이 일지 않는 강물처럼 고요했다. 그의 일상도 그의 얼굴만큼이나 평온할 것이라고 생각했다.

말라티아의 옛 시가지에서는 대상大商들의 숙소였던 케르반사라이Kervansaray가 흥취를 돋웠다. 대상이란 낙타나 말에 짐을 싣고 먼 곳으로 다니며 특산물을 교역하는 상인의 집단을 의미한다. 실크로드를 오가던 대상이 사라진 오늘날 케르반사라이의 역할도 바뀌었다. 소박한 예술이 숨 쉬는 공방으로 변모한 것. 사람들의 호기심이 모인 곳은 에브루Ebru 작업실이었다. 튀르키에 전통의 에브루는 마블링 기법의 일종이다. 물이 담긴 네모난 철판 위에 유성물감을 떨어뜨리고 송곳처럼 생긴 도구로 모양을 잡은 다음, 종이를 물 위에 덮으면 물감이 묻어난다. 물과 기름과 종이의 상호작용에 전문가의 손길이 합세하니 순식간에 꽃 한 송이가 피어났다.

레벤트 협곡을 떠나 다렌데Darende의 토흐마Tohma 협곡에 접어들었다. 래프팅과 트레킹 명소로 알려진 곳이다. 석회질 성분을 함유해 색깔이 뿌연 강 주변으로 야외 식당과 음식을 직접 해 먹을 수 있는 공간 등이 있다. 가족 단위 나들이객들이 눈에 자주 띄었는데, 그들은 숯을 피우고 부채질을 해가며 닭고기와 토마토를 구워냈다. 맛있는 냄새가 계곡을 지배했다. 군침을 흘리며 지켜보고 있으려니 사람 좋은 인상의 한 사내가 고기 한 점을 권했다. 튀르키에 여행 중 경험한 천상의 맛이었다. 토흐마 협곡의 트레킹 코스는 대략 1.3km에 달했다. 얼마간 걷자 헌걸찬 절벽을 벽면으로 삼은 야외 수영장

이 나타났다. 협곡의 모양새에 순응하며 조성된 트레일은 신비한 풍경화를 되풀이해서 만나게 해주었다. 트레킹이 끝나는 지점에서 차를 타고 5분가량 이동했다. 40m 높이의 균프나르 폭포를 앞에 두고 미리 요구한 닭고기 요리를 받아들었다. 튼튼한 바위산에서 강하하는 우렁찬 물줄기를 바라보자니 자연의 신비가 새삼스러웠다.

연못을 채운 아이들 웃음소리

말라티아에 작별 인사를 고하기 전 들른 도심 속 재래시장에는 요즘 우리나라 시골 장터에서도 좀처럼 보기 힘든 모습들이 버젓했다. 눈이 유달리 크게 떠진 곳은 대장간이었다. 벌겋게 달궈진 쇠를 양쪽에 선 사내들이 번갈아 망치질을 해댔다. 땅, 땅, 대장간의 망치 소리가 저잣거리에 울려 퍼졌다. 노련한 대장장이의 손을 거쳐 꼴을 갖춘 도끼와 삽 등의 연장이 대장간 벽면에 가득했다. 수십 대의 재봉틀이 줄지어 선 신발 수선 가게 그리고 다양한 크기의 냄비와 솥단지를 만드는 주물 가게도 발걸음을 멈추게 했다. 일정의 제약 때문에 말라티아에서 가장 맛있다는 케밥 식당에 들르지 못한 점이 못내 섭섭했다.

말라티아에서 넴루트 Nemrut를 거쳐 샨리우르파에 도착

했다. 샨리우르파 도처에는 유대교, 그리스도교, 이슬람교의 공통 조상인 아브라함의 전설이 서려 있었다. 아브라함이 태어나 자랐다는 동굴을 둘러본 후 인근의 '성스러운 연못'에 다가섰다. 연못에는 이런 전설이 얽혀 있다. 아브라함이 지역에 만연한 우상숭배를 비난하자 격노한 지배자는 그를 화형에 처할 것을 명했다. 불길이 아브라함을 덮치려는 절체절명의 순간, 불은 돌연 연못으로 변하고 화형에 쓰인 장작은 물고기로 바뀌었다. 직접 들여다본 연못에는 무수한 물고기들이 떼를 지어 노닐었고, 연못 주변은 사람들로 북적거렸다. 성스러운 연못 남쪽에 또 다른 연못이 파여 있다. 님로트 왕의 딸인 젤리하가 평소 연모하던 아브라함이 화형을 당하게 되자 슬픔을 이기지 못해 몸을 던졌다는 곳이다. 슬픈 전설을 안고 있는 연못에서 슬픔의 정조는 탐지할 수 없었다. 호수 주변을 푸른 수목이 지키고 섰으며, 빛의 알갱이들이 호면에서 자글거렸다. 나룻배를 타고 연못을 유람하는 아이들이 뽑아낸 청량한 웃음소리가 호수 위로 번져나갔다.

아치형의 건물 내부에 보금자리를 둔 재래시장에 들어섰다. 좁은 통로를 따라 상점들이 눈썹을 맞대고 있는데, 형형색색의 스카프를 판매하는 가게들이 유난히 많았다. 한쪽에서는 말라티아의 재래시장과 비스름한 풍경이 펼쳐졌다. 세차게 타오르는 불꽃으로 동판을 달구는 초로의 표정에서

장인의 숨결이 느껴졌다. 망치 든 손을 성글게 놀리는 사내의 얼굴 또한 진지했다. 시장 입구 노천카페에는 대낮임에도 불구하고 빈자리를 거의 찾아볼 수 없었다. 사람들은 튀르키예식 홍차를 마시며 한담을 나누거나 카드놀이를 하며 평온한 오후를 소비했다.

Tour Plus

이스탄불에서 말라티아와 샨리우르파까지는 국내선 비행기로 각각 1시간 20분, 1시간 30분 정도 소요된다. 넴루트산은 말라티아에서 차로 3시간 30분가량 걸린다. 각 지방마다 기후가 다르지만 대체로 사계절이 뚜렷한 편이다. 여름은 고온 건조한 반면 우기인 겨울에는 비가 많이 내린다. 샨리우르파는 겨울에도 기온이 영하를 기록하는 일이 드물다. 바람이 많이 부는 넴루트산을 오를 때는 한여름에도 긴팔 옷이나 얇은 점퍼를 준비하는 것이 좋다. 말라티아의 숙소 중에는 아네몬 호텔(anemon-malatya-hotel.hotelrunner.com)이 깔끔하다. 샨리우르파에서는 힐튼 가든 인(www.hilton.com)을 추천할 만하다.

발칸반도의 주목할 만한 화두

―

코소보 프리슈티나 & 프리즈렌

코소보와 알바니아 출장 의뢰가 들어왔을 때 농담하는 줄 알았다. 크로아티아와 슬로베니아를 가봤으니 발칸반도가 아주 낯설지는 않았지만 두 나라에 관해서는 '내전', '인종 청소' 같은 무시무시한 단어밖에는 아는 것이 전혀 없었다. 마치 듣도 보도 못한 미지의 생명체를 상대하는 것 같았다. 마른침을 삼키며 이스탄불행 비행기에 올랐다.

이스탄불공항 라운지에서 맥주와 와인으로 야금야금 시간을 죽이고 있는데 코소보행 튀르키예항공 TK1017편이 1시간가량 지연된다는 소식이 뿌려졌다. 휴대폰으로 확인한 코소보 수도 프리슈티나*Priština*의 날씨는 뇌우였다. 인천공항에서부터 동행한 레옹 말라조구 주일 코소보 대사가 "5월이 코소보 여행의 최적기"라고 분명히 말했는데…. 70분을 날아 프리슈티나아뎀야사리국제공항에 착륙했다. 공항을 빠져나오니 기다리고 있는 것은 맑고 공활한 봄 하늘이었다. 천둥과 번개를 동반한 비의 흔적은 어디서도 찾을 수 없었다. 알고 보니 프리슈티나공항의 짙은 안개 때문에 이륙이 늦어졌던 것이다. 그제야 레옹 대사의 말에 신뢰가 갔다. 일행을 맞아 준 민완한 현지 가이드 베킴 씨도 "5~6월이 코소보를 여행하기 가장 좋은 시기"라며 재차 확인해 주었다. 공항에서 프리슈티나 시내로 이동하는 도중에도 날씨 이야기는 이어졌다. 여름에는 기온이 35도까지 치솟지만 습도가 낮아 견디기 수월하다는 설명. 하지만 겨울이 찾아오면 영하 20도는 기본이고 영하 40도까지 내려가는 날이 있을 만큼 일기가 엄혹하단다. 게다가 눈도 많이 온다는데, 바다 없는 나라에게 눈은 굉장히 소중한 축복이다.

비로소 알게 된 것들

내전 이미지가 워낙 강해서일까. 코소보에 간다고 주변에 알렸을 때 위험하지 않냐는 걱정이 빗발쳤다. 하지만 막상

대면한 코소보의 도시와 마을들은 안전하고 평화로웠다. 사람들은 친절했고, 밤늦게까지 카페와 펍에서 친밀한 시간을 보내는 모습을 아무렇지 않게 볼 수 있었다. "We never say don't go there"이라는 가이드 베킴 씨의 말에는 코소보 치안 환경에 대한 자부심이 녹아 있었다. 물론, 단 며칠간의 체류로 '풍경의 안쪽'까지 두루두루 살펴볼 수는 없었지만.

프리슈티나 중심가에는 대형 영어 알파벳을 나란히 세운 뉴본*Newborn* 조형물이 있다. 말 그대로 세르비아로부터 독립해 새로 태어났다는 의미다. 현재는 스펠링 'W'와 'R' 사이에 숫자 10이 끼어 있는데, 이는 독립 선언 10주년에 맞춰 새롭게 디자인한 것이다. 새로 태어난 나라는 젊은 나라이기도 하다. 인구의 70% 이상이 35세 이하로 국민들이 매우 젊다. 다만 청년 실업이란 심각한 문제점도 안고 있다. 코소보 정부는 실업률이 25%라고 밝히지만 실상은 45%에 육박한다는 것이 정설이다.

프리슈티나는 종교에 대한 편견을 깨기 좋은 곳이다. 코소보 국민들의 약 90%, 그러니까 절대다수는 이슬람을 믿는다. 가톨릭 신도는 3% 남짓. 그런데, 도시 한복판에 10년의 공기를 들여 완공한 마더테레사성당이 굳건하게 서 있다. 테레사 수녀는 현재 북마케도니아의 수도인 스코페*Skopje* 태생이지만 그의 어머니가 바로 알바니아인이다. 때문에 코소보와 알바니아에서는 테레사 수녀를 국모로 여긴다. 국립박물관에는 스테이플러 침을 이용해 테레사 수녀의 얼굴을 표현한 대형 작품이 걸려 있기도 하다. 성당 내부에서 잠적한 시간을 보내는 것도 좋지만 엘리베이터를 타면 시계탑 꼭대기에 오를 수 있다. 도심을 굽어살필 수 있는데, 몇몇 건물들이 멀리서도 존재감을 발휘한다. 철사로 칭칭 동여맨 듯한 독특한 외관의 건물은 국립도서관이다. 1982년에 첫발을 뗀, 프리슈티나에서 월등하게 눈에 띄는 현대적 건축물이다. 400석 규모의 열람실과 2만여 권의 장서를 구비하고 있다. 도서관 옆에는 세르비아정교회 건물이 방치된 채 고적한 세월을 경험하고 있으며, 뒤쪽으로는 창의성이 돌출하는 설치미술 작품을 여럿 보유한 국립미술관이 버티고 있다.

프리슈티나 외곽에서는 유네스코 세계유산에 등재된 그라차니차Gracanica 수도원을 모른 척할 수 없다. 1321년에 건립됐으며 후기 비잔틴양식의 정점을 보여준다는 평가를 받는다. 사진 촬영이 엄격하게 금지된 내부에 들어서면 자연스레 벽화에 눈길을 빼앗기고, 첩첩이 쌓여 있는 밀도 높은 공기에 주눅이 들어 절로 말수가 줄어든다. 누가 시키지 않아도 경건해진다.

4부 사람의 풍경

적도 재워준다

이제 프리슈티나를 벗어날 시간. 코소보 해방운동의 상징이자 독립군 최고 지도자 아뎀 야사리의 집이 있던 마을 프레카즈*Prekaz*에서 절감한 건 몸서리치는 전쟁의 비극과 참혹함이었다. 탱크 포격으로 골조만 스산하게 남은 주택과 출생 연도는 제각각이나 '1998'이란 동일한 사망 연도가 적혀 있는 수십 기의 무덤들. 1992년에 태어나 짧은 생을 마감한 아이의 묘석 앞에서는 그만 마음이 갈 곳을 잃었다. 말끔하게 정비된 묘역이 역설적이게도 더 큰 슬픔을 드러내는 듯했다. 프레카즈로 건너오기 전 잠시 바라봤던, 전쟁 중 강간당한 수많은 여성들을 기리기 위해 프리슈티나에 마련된 조형물 헤로이낫 메모리얼*Heroinat' Memorial*도 다시는 반복되지 말아야 할 끔찍한 역사를 무겁게 증언한다.

코소보 서부의 페야*Peja*로 방향을 잡았다. 1만5,000여 명의 인구를 보유한, 코소보에서 세 번째로 큰 도시다. 산이 깊고, 깊은 산에서 발원한 물맛이 좋으며, 좋은 물로 빚은 맥주가 맛있기로 유명하다. ERA라는 이름의, 음식 맛보다 전망이 우세한 레스토랑에서 페야 생맥주를 청해 마셨는데 깔끔하지만 살짝 싱겁다는 느낌을 지울 수 없었다. 2013년 국립공원으로 지정된 루고바*Rugova* 협곡을 찾았다. 총길이 650m로 코소보에서 제일 긴 집라인이 기다리고 있었다. 지긋한 나이의 집라인 전문 가이드는 장비 착용을 도와주며 "주저함 이외에 걱정할 건 하나도 없다"고 단호하게 말했지만 끝내 주저함이 발목을 잡았다. 한 가닥 줄에 몸을 의탁한 채 험하고 좁은 골짜기를 횡단하는 사람들을 바라보는 것만으로도 오금이 저렸다. 지상에 두 발을 붙인 사람에게는 허공으로의 질주를 감행한 '인간 새'의 시계視界와 감흥을 헤아릴 방법이 없었다. 금세 날이 끄느름해졌고 급작스레 장대비가 내렸다. 도시를 감싼 녹음이 더욱 짙어졌다. 세르비아정교회의 총주교좌가 있던 페야 수도원에서 잠깐 머문 후 호텔로 이동, 여장을 풀었다.

코소보에는 '적도 재워준다'는 말이 있다. 그만큼 내 집 찾아온 사람을 기꺼이 맞이하는 환대의 정서가 강하다. 심지어 이런 표현도 있다. '내 집의 소유주는 첫째가 신이고, 둘째가 손님이며, 셋째가 나 자신이다.' 페야로부터 17km 정도 떨어진 쥬니크Junik. 이곳에 터를 잡은 전통 가옥 쿨라Kulla에서 사람 좋아하는 코소보인들의 정과 흥을 확인할 수 있었다. 집에 들어서니 한쪽에서 팔순의 할머니가 허리를 굽힌 채 전통 음식 플리Fli를 전통 방식으로 굽고 있었다. 겹겹이 쌓인 페이스트리 형태의 플리는 보통 크림이나 요구르트와 먹는다. 옥수수가루로 만드는 빵인 포가체Pogace도 코소보에서 흔하게 접할 수 있는 음식이다. 쿨라에서는 좌식 생활을 한다. 음

식도 앉아서 먹는다. 커다란 상에 빙 둘러앉자 정성껏 준비한 음식이 줄줄이 상에 올랐다. 코소보 와인과 전통 증류주도 빠지지 않았다. 방 한쪽에서는 3명의 남성이 전통 악기를 연주하며 목청껏 노래를 불렀다. 양모로 만든 전통 모자 플리스*Plis*를 쓴 집주인 주메르 크라니시키 할아버지가 흥에 겨워 춤을 추기 시작했다. 밤이 이슥해도 노래와 연주와 춤은 도통 끝날 줄을 몰랐다. 가까스로 흥이 잦아들고 어느덧 헤어질 시간. 할아버지가 문 앞까지 나와 손님들을 배웅했다. 또 오라는 그의 말에서 진심이 느껴졌다. 전쟁 통에도 용케 살아남은 집과 그 집을 오랫동안 지키고 있는 할아버지의 인자한 미소. 콧날이 시큰했다.

이튿날 아침, 화창한 날씨가 아까워 체크아웃을 서둘러 끝마치고 호텔 부근 산책에 나섰다. 이곳저곳을 어슬렁거리다 'Since 1994'가 쓰인 디오*Dio* 커피숍에 들어가 더블 에스프레소를 부탁했다. 가격은 1유로. 카페에서는 오전 8시와 어울리지 않는 끈적끈적한 음악이 흘러나왔고, 차양에서는 어젯밤 내린 비가 뚝뚝 떨어졌다. 테라스에 앉은 2명의 남자가 마침 카페 앞을 지나가던 여자를 알은체했다. 코소보는 커피를 생산하지 않는다. 그런데, 이 나라의 '커피 쏠림 현상'은 유별나고 남다르다. 카페도 무지하게 많고 대개 이른 아침부터 문을 연다. 사람들이 무시로 들러 커피 한잔의 여유를 즐길 뿐만 아니라 비즈니스 미팅을 카페에서 갖는 경우도 빈번하다. 가격 또한 저렴하다. 'Cheap & Nice.' 코소보에서 만난 사람들에게 묻고 듣기를 종합한 결과, 카페 창업이 비교적 용이하단다. 젊은 카페 사장이 많은 것도 그런 연유에서다. 도시를 떠나기 전 전통시장도 스치듯 구경했는데 무려 200여 년 동안 대물림으로 가위와 칼 등을 제작 및 판매하는 상점이 퍽 인상적이었다.

공존과 존중의 도시

자코바Gjakova는 블레리나 제이 둘라Blerina J. Dula 씨의 고향이다. 'B'라는 애칭으로 통하는 그녀는 코소보에서의 여정 내내 자문역으로 함께했는데, 폭넓은 지식과 유창한 언어 구사 그리고 거침없는 친화력으로 큰 사랑을 받았다. 여느 도시처럼 자코바에도 밝은 면과 어두운 면이 혼재한다. 예로부터 뛰어난 예술가들을 많이 배출했지만 경제적으로는 가장 낙후된 곳으로 꼽힌다. 지역 전체가 민틋해서 자전거 타기 좋은 도시로도 알려져 있다. 자코바에는 수십 개의 카페가 밀집한 거리가 있다. 다수의 노천 테이블과 의자들이 도열한 모습 자체가 장관이다. 카페 겸 레스토랑 하니Hani는 400여 년 전 지어진 자코바 최고령 건물에 입주해 있다. 역사가 긴 만큼

곡절도 많아 제2차 세계대전 당시에는 감옥으로 사용된 적도 있다. 요청한 튀르키예식 커피를 한 모금 마시니 단맛과 쓴맛이 동시다발로 일어섰다. 얇은 파이 반죽 사이에 견과류를 넣고 시럽을 부어 만든, 튀르키예의 국민 디저트 바클라바가 거드니 달콤함이 배가됐다.

인구 200만 명의 프리슈티나가 코소보 으뜸의 도시라면 인구 20만 명의 프리즈렌*Prizren*은 버금의 도시다. 2,000년 역사를 지닌 코소보의 '문화 수도'로 전쟁의 포화 속에서도 피해를 거의 입지 않아 고도로서의 풍모를 잘 간직하고 있다. 프리즈렌은 다른 것을 밀어내는 뺄셈의 도시가 아니라 다른 것들이 공존하고 다른 것을 존중하는 도시다. 일단 공용어만 해도 알바니아어, 세르비아어, 튀르키예어, 보스니아어 등 네 가지에 달한다. 세르비아정교회 건물과 이슬람 모스크와 튀르키예식 목욕탕인 함만이 서로 멀지 않은 거리에서 같은 하늘을 이고 있다. 도시의 전망대라고 할 수 있는 프리즈렌성은 11세기 비잔틴제국에 의해 지어졌고, 도시를 가로지르는 강을 건너지르는 석교는 베네치아공화국의 영향을 받아 만들어졌다. 강변 카페에서 만나 커피 한잔을 나눈 프리즈렌의 젊은 시장이 "사진 한 장에 여러 종교 건축물을 담을 수 있다"고 말한 것은 과장이 아니었다.

모처럼 주어진 자유 시간. 사전 정보 없이 감으로 골라

잡은 한 식당에서 1.5유로짜리 치즈버거와 2.5유로짜리 소시지, 1유로짜리 맥주를 사 먹었다. 저녁 식사 자리에서는 국제 다큐멘터리 & 단편영화제인 도큐페스트*Dokufest*의 관계자들을 만났다. 영화제 사무국장은 "해마다 8월 아흐레간 열리는 코소보 최대의 문화 이벤트로 올해는 65개국의 작품이 경쟁과 비경쟁 부분에 참가한다"고 전했다. 칼라야*Kalaja*로 불리는 프리즈렌성과 도시를 관통하는 비스트리차*Bistrica*강에서 영화가 상영되는 순간을 상상해 봤다. 언젠가 코소보를 또다시 방문하게 된다면 이 '한여름 밤의 꿈' 때문일 거라 확신했다. 아울러 "코소보는 아직 고립된 나라다. 영화제는 다른 세계를 연결해 주는 창"이란 영화제 예술감독의 말이 길래 귓가를 맴돌았다.

다음 날 아침, 페야에서와 마찬가지로 호텔 근처 한 카페에 들렀다. 상호는 알바니아어로 목이란 뜻의 카파*Qafa*. 볼륨은 작지만 어수선한 화면의 뮤직비디오가 브라운관을 통해 상영되는 카페 안에는 아저씨 몇 명이 따로 또 같이 모여 있었다. 무연한 얼굴로 허공을 응시하는 아저씨, 일을 마감하고 커피로 한숨 돌리는 아저씨, 아이를 학교까지 데려다주기 위해 막 일어나려는 아저씨 등등. 세상에 원빈 같은 아저씨가 몇이나 되겠나. 진한 더블 에스프레소를 한입에 털어 넣고 아침밥을 먹기 위해 호텔로 되돌아왔다. 호텔 앞에서는 날품 인

부들이 아침부터 공사판을 뒹굴었다. 아저씨들이 몸으로 밀고 나가는 숭고한 시간이었다.

알바니아로 넘어가기 전 마지막으로 브레조비차*Brezovica*에서 유유자적한 시간을 보냈다. 만년설을 이고 있는 산봉우리와 활짝 트인 들판, 청신한 숲이 어우러진 코소보의 굵직한 휴양지 중 한 곳이다. 스키 리조트도 있다. 해발 1,100m 지점의 식당에서 언제 또 코소보 음식을 먹어보겠나 하는 심정으로 배가 두두룩해질 때까지 먹어댔다. 코소보에서의 한 끼니 한 끼니가 그랬듯이 이번에도 테이블에 놓인 요리들 전부가 신선하기 짝이 없었다. 농업은 이 나라에서 두 번째로 중요한 산업이다. 물론 강에서 잡은 송어의 맛도 흐뭇한 미소를 짓게 했다. 하산해 도시로 접어든 전용 차량이 코소보-알바니아 국경을 향해 나아갔다. 또 다른 미지의 세계와 조우할 시간이 얼마 남지 않았다.

Tour Plus

코소보는 3~4월에 비가 많이 내린다. 여름에는 기온이 껑충 뛰지만 습도가 높지 않아 그늘에 들어가면 시원하다. 1~2월이 가장 추운데, 적설량은 보통 12월에 최고치를 기록한다. 5월과 6월이 여행 최적기다. 가디메*Gadime* 지역에는 보존이 잘된 대리석 동굴이 있다. 가이드의 말마따나 '잠자는 아름다움'을 관찰할 수 있다. 울피아나*Ulpiana*에서는 고대 로마 시절 건축물들의 흔적을 엿볼 수 있다. 주변 전원 풍경도 짙은 호소력을 띤다. 음식은 이슬람 문화권이라 돼지고기 대신 소고기와 양고기, 생선을 많이 먹는다. 요구르트와 치즈는 빠짐없이 식탁에 오른다. 농업국가답게 채소의 선도가 솟구친다. 개인적으로는 간 고기를 포도잎으로 감싼 요리 사르마*Sarma*가 입에 잘 맞았다. 라호벡*Rahovec*은 포도 재배와 와인 생산이 활발한 지역이다. 스톤 캐슬(stonecastlewine.com)에서는 와인 이외에 브랜디도 만들어낸다. 5성급의 스위스 다이아몬드 호텔(www.sdhprishtina.com)은 시설과 서비스 면에서 프리슈티나 일등 호텔로 일컬어진다. 페야 여행 시에는 중심부의 호텔 듀카지니(www.hoteldukagjini.com)를 추천할 만하다.

동네에서 볕이 가장 잘 드는 자리

―

스웨덴 스톡홀름 & 예테보리 & 말뫼

일주일 동안 스웨덴의 세 도시를 돌아다녔다. 딱히 예비된 일정이 없는 자유 여행이라 발걸음을 재촉할 필요가 없었다. 느긋한 분위기 속에서 카페와 시장과 디자인을 질료 삼아 도시 견문록을 써 내려갔다. 헐렁한 여정은 스톡홀름*Stockholm*을 기점으로 예테보리*Göteborg*를 거쳐 말뫼*Malmö*까지 이어졌는데, 소소한 즐거움으로 빼곡했다.

스웨덴의 뼈대를 이루는 도시들을 유람하며 맞닥뜨린 풍요로운 풍경 중 하나는 카페였다. 도시에 거처하는 카페의 수가 많기도 하거니와 틈틈이 들러본 카페들의 커피 맛이 한결같이 준수했다. 인테리어도 제각기 개성적이었다. 스웨덴은 '세계에서 커피 소비량이 가장 많은 나라' 타이틀을 놓고 핀란드, 노르웨이 등과 각축을 벌인다. 국제커피기구의 어느 해 조사에서는 핀란드가, 또 다른 해 조사에서는 스웨덴이 1위를 가져가는 식이다. 원인은 짐작하는 대로다. 스칸디나비아반도의 살벌하게 춥고 긴 겨울이 '커피를 부르는' 최대 원인으로 꼽힌다. 사람들이 워낙 커피를 많이 마시다 보니 커피에 대한 안목이 높아졌고, 사람들의 눈높이를 맞추려다 보니 자연스럽게 질 좋은 원두를 사용하고 로스팅 기법도 정교해진 것이다.

카페 야곱의 할아버지

스웨덴 제2의 도시인 예테보리의 하가Haga 지구는 얇고 넓적한 돌이 깔린 호젓한 길과 단아한 목조 가옥들의 조화가 곱디고운 곳이다. 길동무와 나란히 걷다 잠시 다리쉬임을 할 겸 모퉁이의 카페 야곱Jacob's에 들어섰다. 할아버지 한 분이 건물 밖에 놓인 소파에 몸을 파묻은 채 책을 읽고 있었다. 자리가 마땅치 않아 양해를 구하고 그 옆에 앉았다. 주문한 카푸치노를 한 모금 마시는데, 옆자리의 할아버지가 엷은 미소를 띠며 내게 이렇게 말했다. "내가 앉은 이 자리가 동네에서

볕이 가장 잘 드는 자리랍니다." 할아버지의 목소리에는 세상일에 달관한 사람에게서 느낄 수 있는 평온함이 스며 있었다. 그 순간 서울에 돌아가면 나도 내가 사는 마을과 내가 일하는 동네에서 볕이 가장 잘 드는 곳을 찾아봐야겠다고 다짐했다. 우연히 만난 예테보리의 할아버지가 잊고 지냈던 작은 기쁨을 다시금 일깨워주었다.

시장 나들이도 빼먹지 않았다. 세계 어느 나라나 대동소이하겠지만 스웨덴의 시장은 스웨덴 사람들이 십년지기처럼 친근하게 여기는 대상이다. 스톡홀름 시민들에게는 회토리예트*Hötorget* 광장의 시장이 그런 곳이다. 스톡홀름 중심부의 세르엘*Sergels* 광장에서 보행자 전용 거리인 세르예르가탄*Sergergatan*을 따라가면 막다른 지점에서 만날 수 있다. 예전 회토리예트에서 주로 거래되던 물품은 건초, 의류, 목재, 육류 등이었다. 지금은 채소와 과일 그리고 꽃을 파는 노점상들이 대부분이다. 매주 일요일, 광장에는 벼룩시장이 선다. 온갖 중고품들이 새로운 구매자와의 만남을 기다리는데, 관광객들이 선호하는 품목은 그릇이다. 스웨덴의 하늘을 빼쏜 명징한 컬러와 간결하고 세련된 디자인이 어서 지갑을 열라고 종용한다.

스웨덴에 머무는 도중 예테보리의 하가 지구에서도 벼룩시장이 열렸다. 달걀 받침대와 주전자부터 바퀴살이 나무로 된 자전거에 이르기까지 정말 다양한 물건들이 나와 있었다. 그런데, 한쪽에 놓인 바구니에 구멍이 숭숭 뚫린 종이 뭉치가 담겨 있었다. 용도를 몰라 고개를 갸웃거리고 있자니 덴마크에서 왔다는 할아버지 한 분이 "예전에 나라로부터 우유나 빵 등을 배급받을 때 필요했던 일종의 쿠폰"이라고 일러주었다. 예테보리에는 살루할렌Saluhallen이라고 불리는 2개의 실내 시장도 있다. 두 곳 중에는 관광 보트 선착장인 파단Paddan 부근의 살루할렌이 더 유명하다. 시장에 가면 갓 구운 빵과 신선한 고기, 올리브와 치즈, 각종 양념 등을 구입할 수 있다. 나미비아에서 시집온 아주머니는 "매운 양념을 한 닭고기가 아주 맛있다"고 귀띔해 주었다.

꽈배기처럼 뒤틀린 빌딩

스톡홀름과 예테보리에서 관심을 끈 주제는 디자인이었다. 가구, 그릇, 공예품 등의 옷을 빌려 입은 스웨덴의 디자인은 친근하면서 구체적이다. 남부 유럽의 장식적인 디자인이 아니라 쓰임새를 강조하는 실용적인 디자인이다. 달리 표현하자면 요령부득의 장광설이 아니라 에두르지 않는 직설 화법이다. 그러면서도 예술적인 감각과 조형미를 두루 장악하고 있는 점이 놀랍다. 이웃한 핀란드도 그렇지만 스웨덴의 가구는 구조가 단순하다. 요란하게 치장하고 야단스럽게 꾸미는 것은 '스웨디시 모던'이 아니다. 음악에 빗대자면 블루스 가수의 찐득한 육성이 아니라 스웨덴이 배출한 인기 그룹 '카디건스*The Cardigans*'의 담백한 목소리와 유사하다. 이번에 주로 둘러본 아트 크래프트 숍에서도 스웨덴의 디자인 철학을 부족함 없이 체감할 수 있었다. 특히 스톡홀름의 쇠데르말름*Södermalm* 섬에 모여 있는 공예품점들은 공예품의 사전적 풀이, 즉 '실용적이면서 예술적 가치가 있게 만든 물품'이 무엇인지를 정확히 입증해 주었다.

스톡홀름은 모두 합쳐 14개의 섬들로 이뤄져 있다. 그중 여행자들이 가장 아끼는 섬은 리다르홀멘*Riddarholmen*이다. 중세의 모습을 간직한 구시가지 감라스탄*Gamla Stan*이 이곳에 있기 때문이다. 하지만 스웨덴의 디자인 감각을 엿보려면 감라스탄 남쪽의 쇠데르말름으로 넘어가야 한다. 다채로운 아트 크래프트 숍들을 돌아보는 디자인 투어가 기다리고 있어서다. 쇠데르말름의 공예품점들은 대체적으로 규모는 작지만 내용이 알차다. 단순히 물건만 판매하는 것이 아니라 매장 내부에 전시 공간을 갖추고 있는 점이 돋보인다.

1975년에 문을 연 블로스 앤드 크노다*Blås & Knåda*는 유리와 도기 제품을 전문적으로 취급하는 곳으로 상호를 영어로 옮기면 'Blow & Clay'가 된다. 컵, 병, 그릇, 화분 등 예술 작

품 같은 실용품들을 만나볼 수 있다. 1년에 열 번 정도 스웨덴이나 해외 작가들의 전시회를 개최하며, 적어도 1명 이상의 공예가가 상주해서 스웨덴 공예미술에 대해 친절하게 답해 준다. 블로스 앤드 크노다와 같은 거리에 적을 둔 카오린*Kaolin* 역시 숍과 갤러리를 함께 운영한다. 카오린은 도자기의 원료인 고령토를 뜻한다. 양질의 고령토가 많이 생산되는 중국 시안의 가오링현에서 유래한 말이다. 상호에서 짐작할 수 있듯이 카오린의 숍과 갤러리는 도예가들의 작품만 다룬다. 미적감각이 뛰어난 도자 제품들이 즐비하다. 국내 작가들의 작품도 전시하지만 해외, 특히 덴마크 작가들을 빈번하게 초대한다. 콘스탄트베르카르나*Konsthantverkarna*는 스웨덴에서 가장 오래된 공예 조합이다. 150여 명의 작가들이 조합에 소속돼 있는데 세라믹, 유리, 직물, 나무, 금속 등을 재료로 다양한 스펙트럼의 공예품을 빚는다. 다른 곳과 마찬가지로 소속 작가와 초청 작가들의 전시회를 접할 수 있다.

여정의 끝자락을 스웨덴 제3의 도시 말뫼에 할애한 것은 순전히 터닝 토르소*Turning Torso*를 보기 위해서였다. 설계자는 스페인 발렌시아 편에서 소개한 산티아고 칼라트라바. 번뜩이는 재기와 착상의 전환 그리고 대담한 시도로 너무나도 큰 반향을 불러일으킨 건축계의 거장이다. 스웨덴 남부의 항구 도시 말뫼에 세워진 터닝 토르소 역시 그의 걸작 가운데 하나

다. 건물 하단부에서 최고층에 이르기까지 90도로 뒤틀려 있어 꽈배기를 연상시킨다. 칼라트라바는 한 매체와의 인터뷰에서 "움직이고 있는 인체나 동물의 비틀린 몸통에서 영감을 얻는다"며 '영업 비밀'을 털어놓은 적이 있는데, 이를 증명이라도 하듯 그는 터닝 토르소를 위시해 기하학적이면서 역동적인 작품을 다수 남겼다. 칼라트라바를 일컫는 별칭인 '미스터 트위스트*Mr. Twist*'에 그의 건축 특징이 노정돼 있다.

Tour Plus

스톡홀름의 쇠데르말름에서는 데이비드 핀처 감독의 영화 <밀레니엄>의 촬영지를 섭렵하는 투어도 권할 만하다. 주택, 광장, 카페 등 영화 속 장소들을 일목요연하게 짚어주는 '밀레니엄 지도'가 있어 식별하기 어렵지 않다. 만일 스웨덴 여러 곳을 여행할 계획이라면 체인을 운영하는 스칸딕 호텔(www.scandichotels.com)이 편리하다. 스톡홀름에는 스칸딕 콘티넨털, 예테보리에는 스칸딕 유로파, 말뫼에는 스칸딕 호텔 크라메르가 있다. 스칸딕 콘티넨털의 205호와 206호실은 비틀즈가 1964년 스웨덴 방문 당시 실제 묵었던 객실이다. 멤버들이 담긴 커다란 사진과 연관 기사가 실린 잡지 등을 이용한 '비틀즈 인테리어'가 눈길을 끈다.

사람의 땅

그리스 산토리니 & 낙소스 & 아테네

신들의 나라에 갔다. 가보니 제우스를 비롯한 신화 속 제후들이 그리스 관광자산의 거의 모든 것임을 명확히 알 수 있었다. 그런데, 정작 마음 밭에 밟혀드는 것은 초인간적인 신들이 아니라 지표면에 두 발 붙이고 사는 평범한 사람들과 그들이 영위하는 지루한 일상이었다. 그리스도 결국 사람의 땅이었다.

아침 7시 25분, 거대한 몸집의 블루 스타 페리가 아테네*Athens* 피레우스*Piraeus*항을 나릿나릿 출발했다. 카페, 레스토랑, 객실 등의 시설을 구비한 움직이는 호텔에서 휴식, 식사,

독서 등으로 나른한 시간을 지워나갔다. 배는 파로스*Paros*, 낙소스*Naxos*, 이오스*Ios* 등의 섬을 거쳐 마침내 산토리니*Santorini*에 당도했다. 그리스에 속한 3,000여 개의 섬들 가운데 가장 낭만적이라는 산토리니와의 첫 대면은 전혀 낭만적이지 않았다. 아테네에서부터 따라온 빗방울은 더 굵어졌고 바람도 더 거세졌다. 비바람을 뚫고 숙소인 스플렌더*Splendour* 호텔로 이동했다. 날씨는 자비를 베풀지 않았지만 방에 갇혀 있기에는 시간이 아까웠다. 자리를 털고 일어나 보험료 포함 65유로를 내고 차를 빌려 섬 투어에 나섰다. 렌터카 회사 직원은 "14L의 기름이면 섬을 한 바퀴 돌 수 있을 것"이라고 일러주었다. 소형차에 기름을 가득 채웠으나 섬에서의 첫 번째 드라이브는 악천후의 방해로 오래가지 못했다. 어쩔 수 없이 저녁 식사를 위해 산토리니의 마을 중 하나인 피라*Fira*에 들어섰다. 비가 긋지 않아서인지 거리는 한산했다. 계획 없이 들른 레스토랑 컨비비엄*Convivium*은 공간은 협소했지만 음식과 분위기 모두 흡족했다. 식당을 운영하는 독일인 아내와 이탈리아인 남편은 그리스의 다른 섬에서 14년간 살다 지난 2014년 이곳으로 이주했다고 한다. 양고기 스테이크와 농어 요리, 피자 등을 안주인이 추천한 산토리니 와인과 함께 음미했다. 이야기는 기분 좋게 늘어졌고, 거듭된 술잔에 약간의 취기가 뭉게뭉게 피어올랐다.

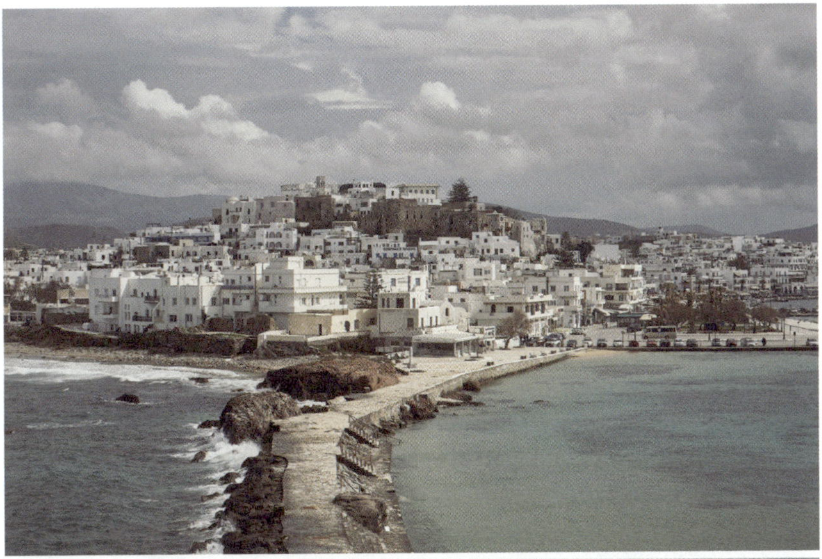

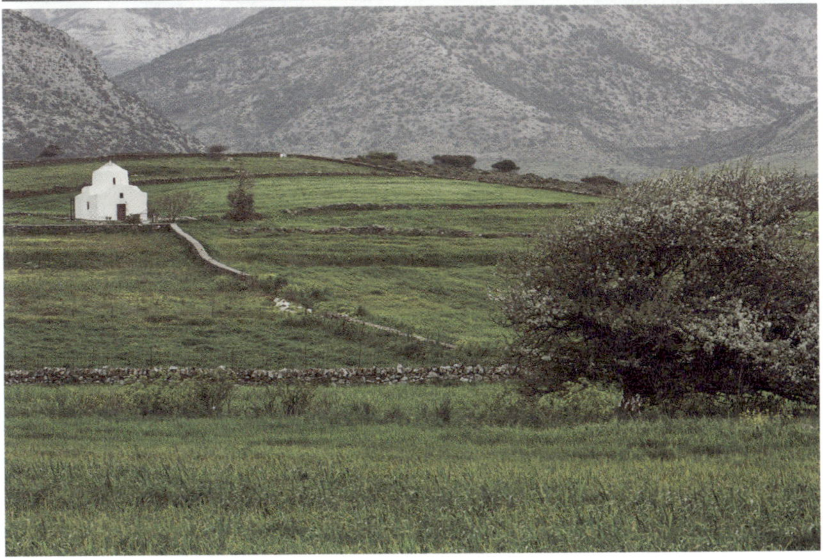

피라와 이아가 전부는 아니다

산토리니의 '풍경 지분' 중 절반을 차지하는 것은 언덕을 빼곡하게 메우고 있는 집들이다. 언덕의 경사가 심한 곳과 윗부분을 하얗게 뒤덮고 있는 집들은 푸른 하늘, 그리고 푸른 하늘보다 더 푸른 바다와 찬란한 색의 하모니를 이룬다. 흰색을 두른 집들은 또 지중해의 바스락거리는 빛의 알갱이를 고스란히 튕겨내며 산토리니의 풍경에 더욱 신비한 켜를 보탠다. 새하얀 집들은 멀리서 보면 색의 통일감 때문에 서로를 빼다박은 듯하지만 가까이 다가서면 동일한 모양새는 찾아내기 어렵다. 집들은 자유분방한 곡선 안에서 얌전하고, 간결한 담장 위에서 풀어져 있다. 집과 집, 건물과 건물 사이를 종횡무진 누비는 것은 골목길이다. 어떤 길은 반듯하고 어떤 길은 구붓하다. 산토리니 전체에 퍼져 있는 좁은 길들에 두 다리를 맡기면 고급 호텔, 그림 같은 카페, 아담한 상점들과 만나고 헤어지기를 반복하게 된다. 길들은 또 교회를 자주 불러들이는데, '정원'이 2~3명에 불과한 장난감 같은 건물도 있다. 교회들은 일찍이 해적들을 두려워한 산토리니 주민들로부터 섬의 평화와 안녕을, 열애에 빠진 사람들로부터는 영원한 사랑을 부탁받았다.

산토리니를 찾은 사람들이 오매불망 기다리는 건 이아 *Oia* 마을의 저녁노을이다. 해거름이 진행될수록 붉은 기운은

제 영역을 넓혀가며 섬을 지배하는 블루와 화이트에 멋들어진 색의 균열을 낸다. 이아 마을의 또 다른 명물은 아틀란티스*Atlantis*서점이다. 2002년 산토리니에 놀러 왔다 섬의 진면목에 흠뻑 취한 영국인 청년 2명이 2년 뒤 자신들의 유토피아를 꿈꾸며 책방을 열었다. 손바닥만 한 공간에는 세계 각국의 서적들이 촘촘하게 진열돼 있는데, 우리나라 소설가 김연수가 펴낸 《소설가의 일》도 만날 수 있었다. 숙소로 돌아오는 길 내내 젊음, 인생 항로, 결정적 계기 등의 키워드가 뇌리에서 떠나지 않았다.

산토리니의 품에 안긴 여행자들은 피라와 이아에서 거의 대부분의 시간을 보낸다. 하지만 산토리니는 곱씹어볼수록 진진하고 뜯어볼수록 옹골차다. 주민 수 600명에 29개의 교회가 있는 산기슭 마을 피르고스*Pyrgos*, 산토리니에서 가장 큰 마을이면서 옛 모습을 잘 건지한 엠포리오*Emporio*, 와인을 생산하는 메사고니아*Mesa Gonia* 등에는 미로 같은 소로가 꼬리에 꼬리를 물고 이어진다. 섬 동쪽에는 검은 모래와 붉은 모래가 섞인 해변이, 서쪽 능선과 동쪽 해안 사이에는 너른 초원이 웅크리고 있다. 걷다가 힘이 들면 다리쉼을 할 겸 눈에 보이는 카페에 들러 레드 동키*Red Donkey* 등의 지역 맥주를 홀짝여보자. 더 이상 부러울 것이 없다. 그러고 보니 산토리니에서 유독 당나귀를 마주친 적이 많았다. 나이를 좀 먹은 듯한 당나귀는 들꽃이 흐드러지게 핀 포리*Pori* 마을 도로변에서 강파른 촌로를 싣고 피곤한 걸음을 돌렸다. 한눈에도 나귀와 어르신이 함께한 시간의 지층이 두터워 보였다. 토실토실한 어린 당나귀는 술이 익는 마을 메사고니아의 들판에서 아이들의 귀여움을 독차지했다. 아이들이 이마를 쓰다듬을 때마다 나귀의 눈이 가늘어졌다. 피라의 항구에서 케이블까지 588개의 계단을 줄을 맞춰 오르는 당나귀들은 적이 안쓰러웠다. 다행히(?) 말 탄 승객은 없었지만 한 땀 한 땀 내딛는 발걸음은 느리고 무거웠다.

산토리니에서 배로 2시간 거리에 있는 낙소스는 여행자를 위한 섬이 아니라 주민의 섬이었다. 별스러운 관광 명소나 까무러칠 만큼의 풍경을 탑재한 곳이 아니어서 섬 주민들의 고요한 일상을 함께 짊어지기 좋았다. 사그리*Sagri* 마을 부근의 싱그러운 평야 한가운데 쌓아 올린 데메테르 여신의 신전, 낙소스에서 처음으로 생긴 시장이 있다는 할키*Halki*, 대리석으로 유명한 필로티*Filoti*와 아피란토스*Apeiranthos* 등에 발자국을 남겼다. 비를 피하고자 무작정 들어간 아피란토스의 한 식당은 동네 '밥집'이었다. 모녀지간으로 보이는 두 여인이 내준 피자와 페타치즈의 맛이 훌륭했다. 정겨운 분위기 때문이었을까. 옆 테이블의 노신사가 주문한 칼라마리튀김을 짤막한 눈인사를 건네고 한 입 맛보기도 했다. 낙소스에서 가장

기꺼운 순간은 일상의 풍경 속에서 찾아왔다. 구체적으로 말하자면 차창 밖에서 무성한 올리브나무들이 인사를 건넸을 때, 염소 떼들이 도로 위를 어슬렁거리며 지나갈 때, 항구 주변을 홀로 타박타박 걸어 다닐 때였다. 투어를 마무리하고 커피 한잔 마시기 위해 고른 카페는 릴랙스*Relax*였다. 비록 커피 맛은 형편없었고 주인장은 퉁명스러웠지만 이름 하나만큼은 시간이 더디게 흐르는 섬 낙소스와 더없이 잘 어울렸다.

신들의 이름을 빌린 레스토랑

수도 아테네의 활기가 응축된 곳은 구시가지 플라카 *Plaka*였다. 얽히고설킨 길 주변으로 각종 상점과 레스토랑이 나란했다. 사람들은 골목골목을 누볐고, 관광객을 태운 꼬마 열차가 좁은 길을 요령 있게 나아갔다. 가게의 간판들은 '신들의 나라'에 왔다는 것을 실감나게 해주었다. 카페의 이름은 시시포스였고, 레스토랑의 이름은 제우스였다. 제우스는 신들의 왕이고, 시시포스는 그런 제우스를 속인 죄로 거대한 바위를 산 위로 부질히 밀어 올리는 형벌을 받은 신화 속 인물이다. 아쉽게도 식당의 음식은 그리스신화처럼 환상적이지 않았다. 흰살생선, 홍합, 가지 등의 식재료를 튀겨 마늘소스와 냈는데 꽤나 기름졌다. 대신 부타리*Boutari* 와인과 로컬 맥주,

그리고 레스토랑의 야무진 조망은 마음에 쏙 들었다.

아크로폴리스Acropolis 남서쪽 아래의 신新아크로폴리스 박물관은 호사스러웠다. 경제 사정이 악화되고 있는 와중에도 막대한 비용과 7년의 공기를 들여 완성했다. 박물관 입구 바닥에 유적들이 그대로 노출돼 있을 뿐만 아니라 건물 내부의 바닥 일부도 유리로 해놓아 유적이 빤히 보였다. 아테나 어디를 파헤쳐도 유적이 있다고 뽐내어 말하는 듯했다. 박물관에는 파르테논신전의 건축 과정을 보여주는 미니어처가 마련돼 있고, 파르테논과 아테네신전을 장식했던 조각상들이 전시돼 있다. 많은 작품들이 전쟁의 참상과 세월의 풍상을 겪으며 소실되거나 부서졌지만 '기어이 살아남은 역사'를 만나는 감흥도 만만치 않았다.

박물관을 나와 저녁 식사 전까지 플라카 지구를 산책했다. 형태와 색깔이 다른 견과류가 모여 있는 노점상 앞에서 발걸음을 멈췄고, 그리스 전통 의상과 파르테논 그림을 판매하는 상점을 기웃거렸으며, 그래피티가 요란한 건물 앞에서 잠시 숨을 골랐다. 레스토랑이자 술집이라고 할 수 있는 타베르나도 처처에서 손짓했다. 아크로폴리스가 잘 보이는 레스토랑의 이름은 디오니소스였다. 술의 신을 상호로 내건 레스토랑에서 와인 한잔 청하지 않을 수 없었다. 구운 문어는 질겼고, 리소토는 짰으며, 파스타는 다디달았지만 야간 조명의 도움을 받은 파르테논신전을 바라보며 밥 먹는 느낌은 각별했다.

그리스 여행의 마지막 날, 드디어 '도시 위의 도시' 아크로폴리스에 입성했다. 관문인 프로필레아를 지나 아크로폴리스의 핵심이라고 할 수 있는 파르테논신전에 다가섰다. 파르테논은 제우스의 딸이자 전쟁과 지혜의 신인 아테나에게 바쳐진 신전이다. 관광객들의 경탄과 카메라 세례 속에서도 나는 지붕과 벽체가 사라진 신전이 폐허처럼 느껴졌다. 신전을 신전답게 지탱해 주는 것은 2,500여 년의 세월을 통과한 기둥들이었다. 우람한 기둥들이 공간과 시간을 동시에 떠받치고 있었다. 신전은 곡선을 통해 직선을 구현해 냈다. 기둥 중간 부분을 아주 살짝 부르도록 하고 기단부 중간 부분을 모서리보다 17cm 높여 기둥은 곧고 건물 전체는 균일하게 보이도록 했다. 또 파르테논신전은 인간이 가장 편안하고 아름답게 느낀다는 1:1.618의 황금비율로 지어졌다고 한다. 일찍이 괴테는 "고대 그리스의 예술 작품이 최고가 될 수 있었던 것은 비례, 대칭, 조화와 같은 예술적 양식이 제대로 구현됐기 때문"이라고 말했는데 파르테논신전 앞에서 그의 코멘트가 새삼스레 절절했다.

Tour Plus

그리스 여행 적기는 4월부터 10월까지다. 비가 거의 내리지 않는 건기에 해당한다. 아테네 근대올림픽경기장은 1896년 최초의 근대 올림픽이 개최된 기념비적인 장소다. 2004년 아테네올림픽 당시에도 이곳에서 양궁과 마라톤 종목이 열렸다. 입구 대리석에는 역대 올림픽 우승자들의 성명과 개최지가 새겨져 있다. 아크로폴리스의 파르테논신전 지척에는 에렉티온이 있다. 이 신전에서는 높이 2m의 여섯 여인상이 기둥 역할을 하고 있는데, 자세히 살펴보면 제각기 모양이 다르다는 것을 알 수 있다. 여인상의 진품은 현재 신아크로폴리스박물관에 보관돼 있다. 프로필레아 아래에는 반원형의 헤로데스 아티쿠스 음악당이 있다. 여전히 공연장으로서의 쓰임새를 잃지 않고 있다. 무사카*Moussaka*는 가지, 치즈, 고기, 감자 등을 층층이 쌓아 소스를 바른 뒤 오븐에 구운 음식이다. 수블라키*Souvlaki*는 다양한 육류를 꼬치에 끼워 숯불에 익힌 음식이다. 빵이나 샐러드와 함께 나온다.

풍경의 안쪽

초판 1쇄	2024년 4월 2일
지은이	노중훈
발행인	유철상
책임편집	김수현
편집	김정민
디자인	주인지, 노세희
마케팅	조종삼, 김소희
콘텐츠	강한나
펴낸곳	상상출판
출판등록	2009년 9월 22일(제305-2010-02호)
주소	서울특별시 성동구 뚝섬로17가길 48, 성수에이원센터 1205호(성수동2가)
전화	02-963-9891(편집), 070-7727-6853(마케팅)
팩스	02-963-9892
전자우편	sangsang9892@gmail.com
홈페이지	www.esangsang.co.kr
블로그	blog.naver.com/sangsang_pub
인쇄	다라니
종이	㈜월드페이퍼

ISBN 979-11-6782-192-8 (13980)
ⓒ 2024 노중훈

※ 가격은 뒤표지에 있습니다.
※ 이 책은 상상출판이 저작권자와의 계약에 따라 발행한 것이므로
  본사의 서면 허락 없이는 어떠한 형태나 수단으로도 이용하지 못합니다.
※ 잘못된 책은 구입하신 곳에서 바꿔 드립니다.